交通运输行业高层次人才培养项目著作书系

张洪伟 著

交通运输行业绿色低碳发展路径研究与实践

Research and Practice on Green and Low-carbon Development Path of Transportation Industry

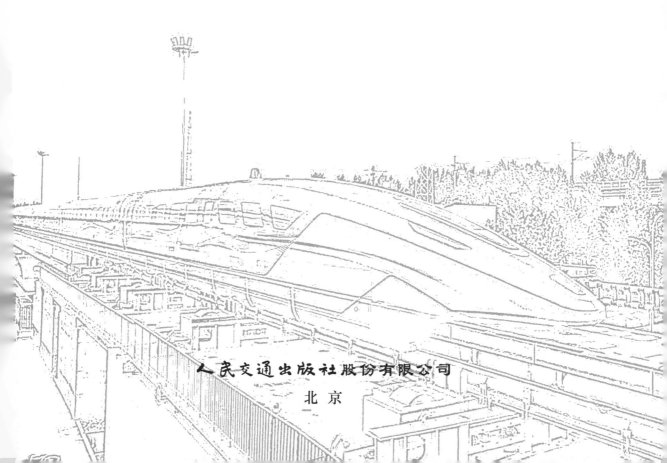

人民交通出版社股份有限公司

北京

内 容 提 要

本书聚焦交通运输行业绿色低碳转型发展所面临的重大挑战和重点任务，梳理了国内外研究现状，验证了碳排放监测与核算方法，从运输结构优化调整、城市绿色交通体系构建、节能低碳型交通工具推广、充换电及加氢基础设施布局、绿色交通基础设施建设、大宗工业固体废物资源化利用等方面提出了绿色低碳发展路径，搭建了碳减排政策体系框架，为科学推进交通运输行业绿色低碳发展提供参考。

本书可供大专院校师生、交通行业科研人员及专业技术人员使用参考。

图书在版编目(CIP)数据

交通运输行业绿色低碳发展路径研究与实践 / 张洪伟著. — 北京：人民交通出版社股份有限公司, 2023.1
ISBN 978-7-114-18420-8

Ⅰ.①交… Ⅱ.①张… Ⅲ.①交通运输业—节能—研究—中国 Ⅳ.①F512.3

中国版本图书馆 CIP 数据核字(2022)第 252716 号

Jiaotong Yunshu Hangye Lüse Ditan Fazhan Lujing Yanjiu yu Shijian

书　　名：	交通运输行业绿色低碳发展路径研究与实践
著　作　者：	张洪伟
责任编辑：	潘艳霞
责任校对：	孙国靖　宋佳时
责任印制：	张　凯
出版发行：	人民交通出版社股份有限公司
地　　址：	(100011)北京市朝阳区安定门外外馆斜街 3 号
网　　址：	http://www.ccpcl.com.cn
销售电话：	(010)59757973
总　经　销：	人民交通出版社股份有限公司发行部
经　　销：	各地新华书店
印　　刷：	北京交通印务有限公司
开　　本：	787×1092　1/16
印　　张：	13.75
字　　数：	238 千
版　　次：	2023 年 1 月　第 1 版
印　　次：	2023 年 1 月　第 1 次印刷
书　　号：	ISBN 978-7-114-18420-8
定　　价：	90.00 元

(有印刷、装订质量问题的图书，由本公司负责调换)

交通运输行业
高层次人才培养项目著作书系

编审委员会

主　任：杨传堂

副主任：戴东昌　周海涛　徐　光　王金付
　　　　陈瑞生（常务）

委　员：李良生　李作敏　韩　敏　王先进
　　　　石宝林　关昌余　沙爱民　吴　澎
　　　　杨万枫　张劲泉　张喜刚　郑健龙
　　　　唐伯明　蒋树屏　潘新祥　魏庆朝
　　　　孙　海

书系前言
PREFACE OF SERIES

进入21世纪以来,党中央、国务院高度重视人才工作,提出人才资源是第一资源的战略思想,先后两次召开全国人才工作会议,围绕人才强国战略实施做出一系列重大决策部署。党的十八大着眼于全面建成小康社会的奋斗目标,提出要进一步深入实践人才强国战略,加快推动我国由人才大国迈向人才强国,将人才工作作为"全面提高党的建设科学化水平"八项任务之一。十八届三中全会强调指出,全面深化改革,需要有力的组织保证和人才支撑。要建立集聚人才体制机制,择天下英才而用之。这些都充分体现了党中央、国务院对人才工作的高度重视,为人才成长发展进一步营造出良好的政策和舆论环境,极大激发了人才干事创业的积极性。

国以才立,业以才兴。面对风云变幻的国际形势,综合国力竞争日趋激烈,我国在全面建成社会主义小康社会的历史进程中机遇和挑战并存,人才作为第一资源的特征和作用日益凸显。只有深入实施人才强国战略,确立国家人才竞争优势,充分发挥人才对国民经济和社会发展的重要支撑作用,才能在国际形势、国内条件深刻变化中赢得主动、赢得优势、赢得未来。

近年来,交通运输行业深入贯彻落实人才强交战略,围绕建设综合交通、智慧交通、绿色交通、平安交通的战略部署和中心任务,加大人才发展体制机制改革与政策创新力度,行业人才工作不断取得新进展,逐步形成了一支专业结构日趋合理、整体素质基本适应的人才队伍,为交通运输事业全面、协调、可持续发展提供了有力的人才保障与智力支持。

"交通青年科技英才"是交通运输行业优秀青年科技人才的代表群体,培养选拔"交通青年科技英才"是交通运输行业实施人才强交战略的"品牌工程"之一,1999年至今已培养选拔282人。他们活跃在科研、生产、教学一线,奋发有为、锐意进取,取得了突出业绩,创造了显著效益,形成了一系列较高水平的科研成果。为加大行业高层次人才培养力度,"十二五"期间,交通运输部设立人才培养专项经费,重点资助包含"交通青年科技英才"在内的高层次人才。

人民交通出版社以服务交通运输行业改革创新、促进交通科技成果推广应用、支持交通行业高端人才发展为目的,配合人才强交战略设立"交通运输行业高层次人才培养项目著作书系"(以下简称"著作书系")。该书系面向包括"交通青年科技英才"在内的交通运输行业高层次人才,旨在为行业人才培养搭建一个学术交流、成果展示和技术积累的平台,是推动加强交通运输人才队伍建设的重要载体,在推动科技创新、技术交流、加强高层次人才培养力度等方面均将起到积极作用。凡在"交通青年科技英才培养项目"和"交通运输部新世纪十百千人才培养项目"申请中获得资助的出版项目,均可列入"著作书系"。对于虽然未列入培养项目,但同样能代表行业水平的著作,经申请、评审后,也可酌情纳入"著作书系"。

高层次人才是创新驱动的核心要素,创新驱动是推动科学发展的不懈动力。希望"著作书系"能够充分发挥服务行业、服务社会、服务国家的积极作用,助力科技创新步伐,促进行业高层次人才特别是中青年人才健康快速成长,为建设综合交通、智慧交通、绿色交通、平安交通做出不懈努力和突出贡献。

交通运输行业高层次人才培养项目
著作书系编审委员会
2014 年 3 月

作者简介
AUTHOR INTRODUCTION

　　张洪伟,1982 年出生,工学博士、博士后,正高级工程师(二级),博士研究生导师(长安大学、东北林业大学),博士后合作导师,美国佐治亚理工学院访问学者,现任内蒙古自治区交通建设工程质量监测鉴定站站长(内蒙古自治区交通运输科学发展研究院院长)。兼任世界道路协会(PIARC)技术委员会委员(2020—2023 年度)、中国青年科技工作者协会理事、中国公路学会青年专家委员会委员、中国计量测试学会交通计量测试分会委员、全国公路专用计量器具计量技术委员会委员、自治区青联委员兼科学技术界别秘书长、《内蒙古公路与运输》杂志社主编等职务。

　　主要从事寒区科学与冻土工程、路面智能监测与检测技术、交通运输领域绿色低碳发展路径、抑制冻结铺装等方面的研究工作;主持建成了国家交通运输科普基地、全国博士后科研工作站、交通运输部重点实验室、交通运输部野外科学观测研究基地、交通运输部公路长期性能观测示范站、自治区工程技术研究中心、自治区重点实验室等平台;先后荣获中国公路青年科技奖、全国交通运输行业文明标兵、十佳全国公路优秀科技工作者、中国公路百名优秀工程师、交通运输部中青年科技创新领军人才、交通运输部青年科技英才、王秉纲基金青年工程师奖;获得自治区青年领军草原英才(2022年)、突出贡献专家、五一劳动奖章、青年科技奖、草原英才(2018年)等荣誉称号。

主持科研项目20余项,主编地方标准10余项;先后荣获自治区科技进步一等奖等省部级科研奖励12项,发表学术论文60余篇,获国家专利授权40余项、软件著作权6项,出版学术专著3部,其中《抑制冻结沥青路面研究与应用技术》(2015年)入选了"十二五"国家重点图书出版规划项目,《公路交通领域安全挑战与对策》(2017年)入选了"交通运输行业高层次人才培养项目著作书系",《寒冷地区重载公路沥青路面服役性能研究》(2018年)入选了"十三五"国家重点图书出版规划项目。

前　言
FOREWORD

实现碳达峰碳中和，是立足新发展阶段、贯彻新发展理念、构建新发展格局、推动高质量发展的内在要求，是一场广泛而深刻的经济社会变革，是党中央统筹国内国际两个大局作出的重大战略决策。交通运输是国民经济中基础性、先导性、战略性产业和重要的服务性行业，是碳排放的重要领域之一，推动交通运输行业绿色低碳转型对于促进行业高质量发展、加快建设交通强国具有十分重要的意义。

本书聚焦交通运输行业绿色低碳转型发展所面临的重大挑战和重点任务，梳理了国内外研究现状，验证了碳排放监测与核算方法、碳减排预测模型，从运输结构优化调整、城市绿色交通体系构建、节能低碳型交通工具推广、充换电及加氢基础设施布局、绿色交通基础设施建设、大宗工业固体废物资源化利用等方面提出了绿色低碳发展路径，搭建了碳减排政策体系框架，展望了碳中和发展路径，为科学推进绿色低碳转型发展工作提供了参考。

本书内容依托3项交通运输建设科技项目、4项地方标准编制项目的研究成果，结合交通运输行业绿色低碳发展路径的技术难点进行撰写，共分为4篇。

第1篇背景篇，阐述了交通运输行业绿色低碳转型发展工作面临的形势与挑战，从认识论、方法论及实践论角度提出了交通运输行业绿色低碳发展工作的哲学思考，介绍了国内外交通运输行业绿色低碳发展现状。

第2篇基础篇，提出了碳排放核算边界与方法、碳减排预测模型，开展了典型省(区、市)碳排放现状研究，分析了碳减排技术路径。

第3篇策略篇，从运输结构优化调整、城市绿色交通体系构建、节能低碳型交通工具推广、充换电及加氢基础设施布局、绿色交通基础设施建设、大宗工业固体废物资源化利用等方面提出了碳减排路径，搭建了碳减排政策体系框架,为行业绿色低碳发展提供参考。

第4篇展望篇,介绍了碳中和的基本概念,展望了交通运输行业深度减碳可行策略。

综上所述,推进交通运输行业绿色低碳转型发展工作,尤其需要聚焦重点领域关键环节,立足交通运输工作实际,以交通运输绿色低碳转型发展为引领,以节能降碳为方向,以交通运输工具装备新能源化和能效提升为关键,以技术创新和制度创新为根本动力,聚焦铁路、公路、民航、物流和城市交通细分领域,持续优化交通运输结构、提升运输组织效率、加强基础设施有效供给,加快形成结构合理、集约高效的绿色低碳交通运输体系,为碳达峰碳中和目标如期实现提供有力支撑。

作　者

2022年12月

目录 CONTENTS

第1篇 背景篇

第1章 绪论 003
1.1 碳达峰碳中和研究背景 003
1.2 交通运输行业绿色低碳发展工作的哲学思考 005
1.3 交通运输行业绿色低碳发展研究框架 008

第2章 国内外交通运输行业绿色低碳发展现状 009
2.1 研究概述 009
2.2 国外交通运输行业绿色低碳发展研究路径 010
2.3 国内交通运输行业绿色低碳发展研究路径 015
2.4 国内外研究概况分析 017

第2篇 基础篇

第3章 交通运输行业碳排放现状研究 021
3.1 交通运输行业碳排放现状核算边界 021
3.2 交通运输领域碳排放现状核算方法 021
3.3 交通运输行业碳排放统计监测展望 028

第4章 交通运输行业碳减排预测方法研究 033

4.1 交通运输行业碳减排预测模型 033
4.2 交通运输行业碳减排预测基础数据分析 036
4.3 交通运输行业绿色低碳发展路径分析 040

第3篇 策 略 篇

第5章 运输结构优化调整路径研究 045

5.1 典型省(区、市)运输结构优化调整基础研究 045
5.2 典型省(区、市)运输结构优化调整减排成本效益分析 050
5.3 运输结构优化调整策略建议 054

第6章 城市绿色交通体系构建路径研究 056

6.1 城市交通绿色出行研究 056
6.2 城市绿色货运发展研究 077
6.3 城市绿色交通体系构建策略建议 083

第7章 节能低碳型交通工具推广路径研究 085

7.1 国内外新能源货车推广现状及政策梳理 085
7.2 新能源重型货车技术评估体系研究 094
7.3 典型省(区、市)新能源重型货车推广路径研究 099
7.4 大气污染物和二氧化碳协同控制效果评估 101
7.5 节能低碳型交通工具推广策略建议 106

第8章 典型省(区、市)充换电及加氢基础设施布局路径研究 107

8.1 典型省(区、市)代表性路段交通流量调查 107
8.2 高速公路充换电及加氢基础设施布局方法学 110
8.3 典型省(区、市)代表性路段布局方案研究 119
8.4 充换电及加氢基础设施布局建议 126
8.5 充换电及加氢基础设施建设策略建议 127

第9章　绿色交通基础设施建设路径研究 ……………………… 128

9.1　绿色公路建设理念与实现方式 …………………………… 128
9.2　零碳公路服务区设计施工与评价 ………………………… 136
9.3　公路基础设施碳排放核算 ………………………………… 152
9.4　绿色交通基础设施建设策略建议 ………………………… 167

第10章　大宗工业固体废物资源化利用路径研究 ……………… 169

10.1　大宗工业固体废物在交通建设领域利用的背景 ………… 169
10.2　典型省(区、市)大宗工业固体废物在交通建设
　　　领域利用研究 ……………………………………………… 170
10.3　工业固体废物在交通建设领域利用的策略建议 ………… 172

第11章　交通运输行业绿色低碳发展政策路径研究 …………… 174

11.1　典型省(区、市)交通运输行业绿色低碳发展政策体系构建 … 174
11.2　典型省(区、市)交通运输行业绿色低碳发展体制机制研究 … 185
11.3　交通运输行业绿色低碳发展重点政策建议 ……………… 188

第4篇　展　望　篇

第12章　碳中和发展路径研究 …………………………………… 193

12.1　碳中和的基本概念 ………………………………………… 193
12.2　碳中和实践的经验与路径 ………………………………… 193
12.3　交通运输行业深度减碳策略 ……………………………… 195

参考文献 ……………………………………………………………… 199

第1篇

背景篇

第1章 绪 论

1.1 碳达峰碳中和研究背景

1.1.1 形势背景

为了应对全球气候变化,彰显大国担当和责任,我国向世界庄严宣布:力争2030年前二氧化碳排放达到峰值,努力争取2060年前实现碳中和目标。我国历来重视温室气体减排,是《联合国气候变化框架公约》的早期缔约方,也积极推动了《京都议定书》《巴黎协定》的签署。交通运输是国民经济中基础性、先导性、战略性产业和重要的服务性行业,是碳排放的重要领域之一,推动交通运输行业绿色低碳转型对于促进行业高质量发展、加快建设交通强国具有十分重要的意义。建立绿色低碳发展的经济体系,促进经济社会发展全面绿色转型,是实现可持续发展的长久之策。要加快形成绿色低碳交通运输方式,加强绿色基础设施建设,推广新能源、智能化、数字化、轻量化交通装备,鼓励引导绿色出行,让交通更加环保、出行更加低碳,才能坚持生态优先,实现绿色低碳。

实现碳达峰碳中和("双碳")是我国向世界作出的庄严承诺,是党中央经过深思熟虑作出的重大战略决策,也是一场广泛而深刻的经济社会变革,事关中华民族永续发展和构建人类命运共同体。做好交通运输行业绿色低碳发展工作,是加速行业绿色低碳转型和高质量发展的重要抓手,也是加快建设交通强国的重要内容。

1.1.2 政策背景

2021年9月22日,《中共中央 国务院关于完整准确全面贯彻新发展理念做好碳达峰碳中和工作的意见》发布,提出加快推进低碳交通运输体系建设,具体内容包括:

"优化交通运输结构。加快建设综合立体交通网,大力发展多式联运,提高铁路、水路在综合运输中的承运比重,持续降低运输能耗和二氧化碳排放强度。优化客运组织,引导客运企业规模化、集约化经营。加快发展绿色物流,整合运输资源,提高利用效率。"

"推广节能低碳型交通工具。加快发展新能源和清洁能源车船,推广智能交通,推进铁路电气化改造,推动加氢站建设,促进船舶靠港使用岸电常态化。加快构建便利高效、适度超前的充换电网络体系。提高燃油车船能效标准,健全交通运输装备能效标识制度,加快淘汰高耗能高排放老旧车船。"

"积极引导低碳出行。加快城市轨道交通、公交专用道、快速公交系统等大容量公共交通基础设施建设,加强自行车专用道和行人步道等城市慢行系统建设。综合运用法律、经济、技术、行政等多种手段,加大城市交通拥堵治理力度。"

2021年10月24日,《国务院印发2030年前碳达峰行动方案》发布,提出开展交通运输绿色低碳行动,加快形成绿色低碳运输方式,确保交通运输领域碳排放增长保持在合理区间,具体内容包括:

"推动运输工具装备低碳转型。积极扩大电力、氢能、天然气、先进生物液体燃料等新能源、清洁能源在交通运输领域应用。大力推广新能源汽车,逐步降低传统燃油汽车在新车产销和汽车保有量中的占比,推动城市公共服务车辆电动化替代,推广电力、氢燃料、液化天然气动力重型货运车辆。提升铁路系统电气化水平。加快老旧船舶更新改造,发展电动、液化天然气动力船舶,深入推进船舶靠港使用岸电,因地制宜开展沿海、内河绿色智能船舶示范应用。提升机场运行电动化智能化水平,发展新能源航空器。到2030年,当年新增新能源、清洁能源动力的交通工具比例达到40%左右,营运交通工具单位换算周转量碳排放强度比2020年下降9.5%左右,国家铁路单位换算周转量综合能耗比2020年下降10%。陆路交通运输石油消费力争2030年前达到峰值。"

"构建绿色高效交通运输体系。发展智能交通,推动不同运输方式合理分工、有效衔接,降低空载率和不合理客货运周转量。大力发展以铁路、水路为骨干的多式联运,推进工矿企业、港口、物流园区等铁路专用线建设,加快内河高等级航道网建设,加快大宗货物和中长距离货物运输'公转铁''公转水'。加快先进适用技术应用,提升民航运行管理效率,引导航空企业加强智慧运行,实现系统化节能降碳。加快城乡物流配送体系建设,创新绿色低碳、集约高效的配送模式。打造高效衔接、快捷舒适的公共交通服务体系,积极引导公众选择绿色低碳交通方式。'十四五'期间,集装箱铁水联运量年均增长15%以上。到2030年,城区常住人口100万以上的城市绿色出行比例不低于70%。"

"加快绿色交通基础设施建设。将绿色低碳理念贯穿于交通基础设施规划、建设、运营和维护全过程,降低全生命周期能耗和碳排放。开展交通基础设施绿色化提升改造,统筹利用综合运输通道线位、土地、空域等资源,加大岸线、锚地等资源整合力度,提高利用效率。有序推进充电桩、配套电网、加注(气)站、加氢站等基础设施建设,提升城市公共交通基础设施水平。到2030年,民用运输机场场内车辆装备等力争全面实现电动化。"

综上所述,推进交通运输行业绿色低碳发展工作,尤其需要聚焦重点领域关键环节,立足交通运输工作实际,以交通运输绿色低碳转型发展为引领,以节能降碳为方向,以交通运输工具装备新能源化和能效提升为关键,以技术创新和制度创新为根本动力,聚焦铁路、公路及民航等细分领域,持续优化运输结构、提升运输组织效率、加强基础设施有效供给,加快形成结构合理、集约高效的绿色低碳交通运输体系,为碳达峰碳中和目标如期实现提供行业支撑。

1.2 交通运输行业绿色低碳发展工作的哲学思考

本节立足交通运输行业绿色低碳发展工作实际,从马克思主义哲学观的角度,运用认识论、方法论及实践论的理论,系统分析了宏观、中观、微观层面上出台的各类政策对交通运输行业绿色低碳发展的要求。"双碳"目标的宏观、中观、微观层面已经实现了与认识论、方法论、实践论的结合,研究可为交通运输行业绿色低碳发展提供理论参考。

1.2.1 "双碳"视角下的认识论、方法论、实践论的关系

交通运输行业绿色低碳发展目标的实现应是认识论、方法论、实践论三论合一的结果。如图1-1所示,认识论、方法论、实践论相互影响、相互促进,认识论是方法论的哲学基础,方法论是实践论的技术指导,实践论又修正和完善了认识论与方法论,推动认识论与方法论螺旋式上升,持续深化和革新。

认识论是"双碳"目标的源泉与根基,推动了方法论与实践论的产生。要始终认识到绿色低碳发展是实现交通运输行业高质量发展的内在要求,是实现经济社会绿色转型的必然结果,是破解资源环境约束突出问题、实现可持续发展的迫切需要。

方法论是工具与手段,发生于认识论,作用于实践论。交通运输行业绿色低碳发展实现路径应循序渐进,切勿采取"一刀切"及运动式"减碳",在把握碳达峰碳中和认识论的基础上,要结合经济社会发展实际,通盘谋划,处理好发展和减排、整体和局部、短期和中长期、政府和市场的关系,基于共同但有区别的责任,采取科学合理的路径策略,以双

轮驱动形式推动节能减排和社会发展协同增效。

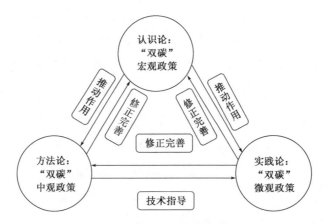

图1-1　交通运输行业绿色低碳发展目标实现过程中认识论、方法论和实践论的关系

实践论是验证、反馈、检验和校正认识论与方法论的路径。实践论是宏观政策在微观层面的具体实现，碳达峰碳中和实践是促进经济社会全面变革的重要途径，在国家上下一盘棋的战略布局下，在微观政策层面应将方法论应用到具体实践中，从运输结构调整、能效提升、新能源替代等路径持续发力，实现交通运输行业绿色低碳转型，在稳定能源供给的基础上，同时推动各领域产业链全面升级，从而不断验证和修正认识论和方法论。

1.2.2　认识论——"双碳"目标宏观层面的源泉与根基

结合国家现有政策，立足认识论的角度，宏观层面的文件包括"1"与"N1"顶层战略文件，即《中共中央　国务院关于完整准确全面贯彻新发展理念做好碳达峰碳中和工作的意见》《国务院关于印发2030年前碳达峰行动方案的通知》及省级层面关于完整准确全面贯彻新发展理念做好碳达峰碳中和工作的实施意见和实施方案。前述政策文件为国家和省级方案的实现奠定了根基，从基本国情出发，先立后破，从宏观层面确立整体战略布局，在经济社会平稳运行的前提下，有序推动改革深化，有效促进方法论和实践论在省级层面的运用。

具体来看，2021年9月22日发布的《中共中央　国务院关于完整准确全面贯彻新发展理念做好碳达峰碳中和工作的意见》提出加快推进低碳交通运输体系建设，具体包括优化交通运输结构、推广节能低碳型交通工具和积极引导低碳出行三个方面。2021年10月24日发布的《国务院关于印发2030年前碳达峰行动方案的通知》提出要全面准确认识碳达峰行动对经济社会发展的深远影响，强调要加快形成绿色低碳运输方式，确保交通运输领域碳排放增长保持在合理区间，具体包括推动运输工具装备低碳转型、构建绿色高效交通运输体系和加快绿色交通基础设施建设三个方面。以上两项政策从国家层面建立了"1+N1"的"双碳"认识论体系,为国家层面各领域以及地方制定中观层面政策奠定了基础。

与国家顶层设计对应,以内蒙古自治区为例,其于2022年4月27日发布《内蒙古自治区党委 自治区人民政府关于完整准确全面贯彻落实新发展理念做好碳达峰碳中和工作的实施意见》,为内蒙古自治区"1+N+X"政策体系中的顶层文件,提出要加快推进低碳交通运输体系建设,具体包括优化交通运输结构,积极推进"公转铁",大力推广新能源汽车,不断提升铁路系统电气化水平。2022年7月13日,内蒙古自治区党委、自治区人民政府发布"N1",即内蒙古自治区的实施方案,提出交通运输领域要开展交通运输绿色低碳行动,具体包括推动交通运输工具装备低碳转型、构建绿色高效交通运输体系、加快绿色交通基础设施建设。前述两个政策文件构建了内蒙古自治区宏观层面的认识论体系,在充分衔接国家"双碳"目标的前提下,成为内蒙古自治区交通运输行业绿色低碳发展的方法论和实践论产生的源泉。

1.2.3 方法论——"双碳"目标中观层面的实现路径

在国家顶层政策布局下,针对不同专业领域,国家发展改革委制定了综合交通运输绿色低碳发展实现路径,交通运输部制定了公路水路行业绿色低碳发展行动方案,进一步分解任务,从公路、铁路和民航领域提出了节能降碳措施与目标。

与之对应,在内蒙古自治区宏观政策及国家交通运输领域政策的指导下,自治区也制定了交通运输领域绿色低碳发展实施方案,通过5个方面12项举措,为内蒙古自治区交通运输领域微观层面的具体行动提供指导。前述国家和自治区政策文件为"双碳"目标从宏观领域转向微观领域提供了实现路径,能够充分发挥承上启下的作用,有效衔接国家战略与地方部署。在协调整体和局部、中长期和短期政策的同时,也为微观层面各领域的具体实践行动提供了工作着力点和技术指导,能够有效推动交通运输领域产业链的全面升级,促进交通运输领域绿色低碳发展目标从量变走向质变。

1.2.4 实践论——"双碳"目标微观层面的具体行动

立足实践论,在国家和自治区顶层战略设计和交通运输领域政策指导下,结合内蒙古自治区交通运输发展实际及地域资源分布情况,将绿色低碳发展微观层面重点行动确定为运输结构调整、绿色交通体系构建、新能源推广、充换电及加氢基础设施建设、绿色基础设施建设、大宗工业固体废物利用及政策体系构建确定为实践路径,以点带面,提升交通运输产业链整体效能,具体路径见第3篇策略篇的相关章节。

1.3 交通运输行业绿色低碳发展研究框架

本书聚焦交通运输行业绿色低碳转型发展所面临的重大挑战和重点任务,梳理了国内外研究现状,验证了碳排放监测与核算方法,从运输结构优化调整、绿色交通体系构建、节能低碳型交通工具推广、充换电及加氢基础设施布局、绿色交通基础设施建设、工业固体废物资源化利用等方面提出了绿色低碳发展路径,搭建了碳减排政策体系框架,展望了碳中和发展路径,为科学推进交通运输行业绿色低碳发展提供了参考。本书的技术路线如图1-2所示。

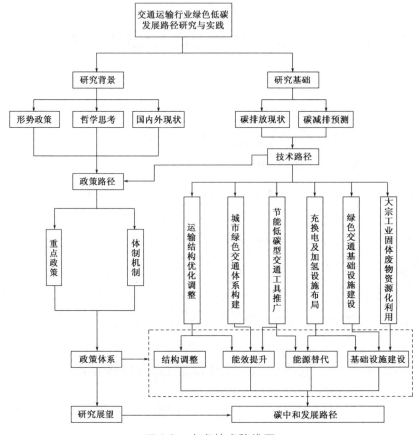

图1-2 本书技术路线图

第 2 章 国内外交通运输行业绿色低碳发展现状

2.1 研究概述

二氧化碳(carbon dioxide)是一种碳氧化合物,化学式为CO_2,分子量为44,常温常压下是一种无色无味的气体。二氧化碳气体是大气组成的一部分,占大气总体积的0.03%~0.04%。二氧化碳在自然界中含量丰富,低浓度的二氧化碳没有毒性,高浓度的二氧化碳则会使动物中毒。二氧化碳的产生途径主要有以下几种:①有机物(包括动植物)在分解、发酵、腐烂、变质的过程中释放出二氧化碳。②石油、石蜡、煤炭、天然气燃烧过程中,可释放出二氧化碳。③石油、煤炭在生产化工产品过程中,也会释放出二氧化碳。④所有动物在呼吸过程中,都要吸入氧气、呼出二氧化碳。

从组成地球大气的成分来看,氮气(N_2)占78%,氧气(O_2)占21%,氩气(Ar)等约占0.9%,这些占大气中99%以上的气体都是非温室气体。一般来说,这些非温室气体与入射的太阳辐射相互作用极小,也基本上不与地球放射的红外长波辐射产生相互作用。它们既不吸收也放射辐射,对地球气候环境的变化也基本不会产生什么影响。对地球气候环境有重大影响的是大气中含量极少的温室气体,这些气体只占大气总体积混合比的0.1%以下,但由于它们能够吸收和放射辐射,而在地球能量收支中起着重要的作用。

二氧化碳是一种常见的温室气体。大气中的二氧化碳在强烈吸收地面长波辐射后能向地面辐射出波长更长的长波辐射,对地面起到了保温作用。自工业革命以来,由于人类活动排放了大量的二氧化碳等温室气体,使得大气中温室气体的浓度急剧升高,结果造成温室效应日益增强。据统计,工业化以前全球年均大气二氧化碳浓度为278ppm❶,而2012年全球年均大气二氧化碳浓度为393.1ppm,到2014年4月,北半球大气中月均二氧化碳浓度首次超过400ppm。大气温室效应的不断加剧导致全球气候变暖,产生一系列当今科学不可预测的全球性气候问题,可能导致全球数千万人的生活面

---

❶ 1ppm = 1×10^{-6}。

临危机,甚至产生全球性的生态平衡紊乱。

为共同应对温室效应带来的挑战,全球越来越多的国家正在携手采取行动。1992年6月在巴西举行的联合国环境与发展大会上,有153个国家签署了《联合国气候变化框架公约》,此公约自1994年3月起有效,已有176个缔约方(截至2015年2月);1997年12月,由《联合国气候变化框架公约》参加国出席的会议在日本京都召开,会议制定了《京都议定书》,作为《联合国气候变化框架公约》的补充条款,此条约自2005年2月起生效,截至2009年2月已有183个缔约方;2015年11月在巴黎举行的《联合国气候变化框架公约》第21次缔约方大会暨《京都议定书》第11次缔约方大会上,来自195个国家的代表一致通过了《〈联合国气候变化框架公约〉巴黎协定》。

2.2　国外交通运输行业绿色低碳发展研究路径

从美国、英国、欧盟、德国、丹麦、挪威和日本七个国家和地区来看,交通运输领域能源转型措施主要还是通过节能低碳发展来实现(表2-1),上述七国共同且可资借鉴的主要转型措施如下。

(1)提高运输系统效率。美国、英国、欧盟、德国和日本采取了该项措施。通过提升整个运输系统效率,实现系统高效运转带来的能源节约效益。其中,促进货运向节能方式转移是比较主流的措施,其他还有发展高效运输组织模式、推广多式联运、合理规划土地利用、微观层面的交通基础设施改善和交通管理优化等。目前,货运结构调整在我国也是控制污染物排放、实现节能低碳的重点工作之一,可以吸取这些国家这方面的教训,借鉴好的做法和经验;在进行新区或新城规划时,借鉴合理规划土地、交通基础设施改善方面的经验,从源头规划上为交通运输领域能源转型打好基础;针对城市交通的管理,可以借鉴交通管理优化方面的经验,发挥城市交通管理性节能的作用。

(2)制定能效和碳排放标准并持续更新。美国、欧盟、德国和日本都采取了该项措施,英国主要强调提高碳排放标准,与提高能效标准有异曲同工之处。只有制定标准,才能从生产源头不断提高运输装备节能水平,促进运输装备能源效率水平的提高。目前,我国已经建立了营运车辆的燃油消耗量限值标准,且在不断更新,我国交通运输领域要实现能源转型,必须将该措施持续下去,后续可根据不同燃料类型细化相关能效标准。

表 2-1 国外交通运输领域低碳转型经验汇总

措施	美国	英国	欧盟	德国	丹麦	挪威	日本
促进低碳燃料和低碳清洁技术推广应用	开发和引进乙醇、生物柴油、天然气、液化石油气、低碳合成燃料、氢气和电力等替代燃料;制定低碳交通运输燃料标准;为低碳燃料研发提供更多资金	对现有化石能源的低碳化改造;关注生物能和氢能的开发;制定法律条例促进低碳燃料使用;建设新型燃料分配设施;利用财税政策激励低碳燃料使用	通过给予价格优势和优化税收机制,激励消费者选择低排放、零排放车辆和能源;发布《欧洲低排放出行策略》,明确提出将支持可再生能源和可再生燃料的立法修订,为零碳能源提供长期的、强有力的创新动力	提出可再生能源在交通运输领域的应用目标;加强燃料电池研发,在风能等可再生能源与车辆驱动电池电力收集转换装置上进行探索	政府成立了专门委员会监管、督促开发其他替代能源的燃料可能的运输中依赖柴油和汽油的燃料,例如生物燃料、天然气和氢	通过多种手段推广电动车辆应用和实现轮渡电动化	投入巨资开发利用太阳能、核能、风能、光能和氢能等替代能源和可再生能源的技术;积极开展波潮汐能、水能和地热能等方面的研究;发展生物质能源技术;利用财税政策促进低碳燃料使用

续上表

措施	美国	英国	欧盟	德国	丹麦	挪威	日本
提高运输装备能效与碳排放标准，燃油经济性水平	提高发动机效率，增加混合电力动力系统应用，提高轻车辆重量，提高空气动力性能以减小阻力等低碳车辆技术的研发力度；为新车制定温室气体效益以及燃料经济性标准；利用财税政策激励低碳汽车使用	发展低碳运输装备技术；提高运输装备排放标准；开发新的商业模式促进低碳汽车推广；利用财税政策激励低碳汽车使用；通过信息宣传鼓励消费者购买低碳汽车；对公共部门制定低碳汽车使用强制性目标	制定适合所有运输方式中运输工具的二氧化碳排放量标准、车辆噪声标准等；发布二氧化碳排放量与燃油效率的车辆标识	发展低碳运输装备技术；支持新能源汽车发展；采用财税激励政策鼓励低碳运输装备使用；制定规范促进低碳运输装备使用标准；加强对消费者选择低碳车辆的宣传引导	—	—	制定领跑者（"Top Runner"）燃油经济性标准；发展并联式混合动力电动汽车（PHEV）和电动汽车（EV）、燃料电池电动汽车、铁路混合动力机车与超级节能船舶等低碳运输装备；提高运输装备碳排放标准；建立绿色标识制度；利用财税政策激励低碳汽车使用

续上表

措施	美国	英国	欧盟	德国	丹麦	挪威	日本
提高运输系统效率	进行高速公路交通流管理；减缓公路瓶颈；实施联邦车速限制；提供最新出行信息；减少货车闲置；改善公路、铁路水路之间的多式联运；提高航空运输效率；加强交通基础设施建设的资源再生利用	合理规划土地利用；鼓励铁路和水路运输方式发展；改善交通基础设施；加强交通运营组织管理；提高信息化水平	完善交通基础设施，建设欧洲"核心网络"；加强配套信息服务，提升运输通达性；发展多式联运，鼓励向低排放运输方式转移	改进交通规划布局；引导公路运输向水路、铁路等低碳运输方式转移；加快发展多式联运；开展绿色物流关键技术研究；优化公路运输网络，发展高效的运输组织模式；发展智能交通系统	—	—	建设综合交通体系；推进货运向节能环保型运输方式转移，实现物流效率化；发展智能交通

续上表

措施	美国	英国	欧盟	德国	丹麦	挪威	日本
鼓励社会低碳出行	采用定价策略引导出行者采用更高效的交通方式；改善非机动车交通；通过土地利用变化减少出行需求与出行距离；通过区域汽车共享、上下班小组计划、车合用高载客量的车辆给予优先权等措施减少小汽车空驶率	发展公共交通和自行车和步行出行；促进自行车和步行出行；推广低碳驾驶；鼓励政府、企业和个人减少不必要的出行	制定城市综合发展战略，兼顾土地使用规划、定价方法、高效的公共交通服务、非机动车运输方式及环保车辆充电/加油基础设施供给来缓解交通拥堵，减少尾气排放；制定 2030 年"零排放城市物流"战略，鼓励公众低碳出行	鼓励选择公共交通、步行、自行车等低碳交通方式出行；培养节能驾车习惯	—	—	提供便捷的大运量交通方式，鼓励乘客利用公共交通

(3)推广应用替代燃料。美国、英国、欧盟、德国、丹麦、挪威和日本都采取了该项措施。替代燃料的应用是交通运输领域实现能源转型的核心手段之一。加大替代能源的应用,逐渐减少对化石能源的依赖,正是各国乃至世界能源转型的核心工作和主要发展方向。目前,清洁能源和新能源车辆已经在行业内有了一定规模的应用,天然气、混合动力、纯电动和氢燃料车辆的相关研发工作也在持续推进。丹麦政府成立了专门委员会监管、督促开发其他可能的燃料替代交通运输中依赖的汽油和柴油,例如生物燃料、天然气和氢。挪威通过多种手段推广电动车辆应用和实现轮渡电动化。

(4)推广应用节能技术。英国、德国和日本都采取了该项措施。日本的节能低碳装备技术主要集中在混合动力和燃料电池相关技术,德国的节能技术主要包括公、铁、水、航各种方式中运输装备本身的节能技术、燃料电池技术和风能、太阳能等可再生能源技术,英国的节能技术主要包括车辆、火车和飞机等节能技术。我国的能源革命体系里,技术革命是主要方向之一,因此,交通节能技术研发也是实现交通运输领域能源转型的主要手段之一,可根据实际情况和相应技术,借鉴不同国家的技术研发经验和推广应用思路与政策。

(5)强制手段与激励措施并重。美国、英国、欧盟、德国、挪威和日本都采取了该项举措,在制定能效或碳排放强制标准的同时,推出了一系列的激励措施。目前我国在激励措施方面方法不多,财税激励政策也还有待完善,可以借鉴以上各国和地区有效激励措施的做法与经验。

2.3 国内交通运输行业绿色低碳发展研究路径

道路运输替代燃料技术方面,新能源汽车被视为道路交通最重要的减碳技术路线。在当前电网结构下,从燃料全生命周期角度看,单位运输服务的电动汽车相比燃油汽车具有一定的减碳效果,电网电力制氢和煤制氢路线下氢燃料电池汽车碳排放强度仍高于燃油汽车,但随着电网低碳化,电动汽车和氢燃料电池汽车碳减排优势将日益凸显。未来,乘用车、轻型商用车将全面电动化,重型货车等重型商用车将是氢燃料电池汽车应用的重要领域。当前,我国新能源汽车市场渗透率已超过10%,2025年和2035年市场渗透将分别增至15%~25%和40%~60%。氢燃料电池汽车正处于初始发展阶段,2025年保有量达到5万辆,2035年推广量将达到100万辆。

民航运输替代燃料技术方面,民航运输可能的替代能源技术主要分为生物质燃料、氢能和电力3类。生物质燃料是现阶段民航运输最有可能大规模应用的替代燃料选择,具有即用性的特点,无须改变飞机结构和地面储运设施,但目前制备成本仍然较高,每吨制备价格在8000~20000元之间。全电飞机面临的主要问题是电池技术的局限,为实现中短途航程飞行,电池能量密度须达到800~2000(W·h)/kg,目前投入商用的电池能量密度最高为300(W·h)/kg,仍有较大差距。在当前的电池技术水平下,全电飞机在2030年将只能应用于小型支线客机中,实现B737或A320型体量的全电飞机商运还不现实。由于全电飞机的电池技术局限导致的航程有限,氢能被视为民航低碳发展的重要替代燃料技术,氢能窄体客机和宽体客机有望在20年内进入机队。

道路运输节能技术中,能效提升技术对道路运输的节能减排有极大的促进作用。中国车辆能效提升措施主要包含对汽车制造商所产汽车进行严格的能效限制管控和加大新型高效汽车的市场补贴力度。混合动力技术、先进内燃机技术和轻量化材料技术已经被列为核心车辆节能技术。

民航运输节能技术中,飞机翻新技术可提升单机运行能效,管理技术可提升机队整体运行能效。翻新技术包括融合式翼梢小翼、发动机更新、电动滑行系统、机舱轻量化等,可在一定程度上提升单机执飞航班时的巡航能效和滑行能效。高速铁路的普及将替代部分民航运输需求,协助民航深度脱碳。以京沪高速铁路线路为例,全线每年可有效减少碳排放量超过百万吨。高速铁路的低碳效益需配合低碳发电结构才能完全兑现,因此,发展高速铁路的同时应注重电力结构的清洁化。

自动驾驶技术是汽车重要的发展趋势,是支撑新一代智能交通系统的重要技术。借助自动驾驶技术和智能网联系统,促进车路协同,从而提升道路运输效率并降低道路运输碳排放。超级高速铁路综合利用先进技术创造出与民航运输类似的低真空环境,减小列车高速运行时的空气阻力。超级高速铁路运行时速可达1000km,且在真空管道中运行安全性较高。飞机自身结构颠覆性改变和革新性技术概念可能有助于实现民航低碳发展目标。与传统油箱、机翼的飞机布局相比,颠覆性机身构造包括翼身融合、斜拉翼式布局、盒式机翼等,革新性推进系统主要包括桨扇发动机技术。

于贵瑞院士在梳理"双碳"现状的基础上,探讨了中国实现"双碳"目标的行动方略、技术途径与科技支撑等问题,认为中国"双碳"行动的基本方略应该是坚持"一个基本理念"、实现"两个宏观目标"、贯彻"三路综合"与"四举并进"的技术路径、落实全域国土空间管控和产业协同发展的"五个统筹"宏观布局,强化气候变化、地球系统碳循环科学研究及脱碳、低碳产业技术变革,如图2-1所示。

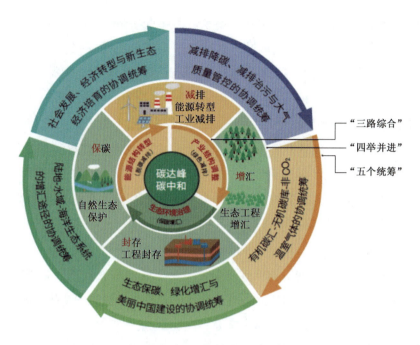

图 2-1　实现"双碳"目标的潜在技术路径和措施

面向国家"双碳"行动的全球变化和生态经济学研究，需要长期持续关注的核心科学问题，构建地球系统碳循环过程、碳储量及通量的多要素-多过程-多界面-多尺度协同监测体系。当前的迫切任务是构建和完善科学基础、观测模拟、能源结构转型、产业结构调整、生态保碳增汇、国家战略与路径选择、协同治理与管理政策 7 个方面的科技支撑体系。彭天铎等人研究发现，近年来交通部门已成为中国碳排放增长最快的领域之一，也是减排的重点领域。

2.4　国内外研究概况分析

通过上述国内外关于交通运输领域绿色低碳发展路径的研究现状可以看出，这个领域一直是"双碳"方向的研究热点。虽然研究取得了长足的进步，但在技术路径与政策路径方面仍然存在许多不足：

（1）对于运输结构调整，缺乏对于运输结构调整减排效益及成本的系统研究，运输结构调整的环境效益和成本的响应关系尚未建立，运输结构调整策略适用性尚不明确。

（2）对于能效提升，随着工业和信息化部对于车辆燃油标准不断加严，城市绿色出行体系研究日益重要。目前城市绿色出行及绿色货运发展现状缺乏系统评估，城市绿色出行比例提升缺乏有效措施,城市货运车辆新能源化推广路径尚不明确。

(3)对于能源替代,私人乘用车推广路径及配套措施不断完善,但重型货车新能源化路径尚不明确,存在着技术路径不清晰、成本分析不完善、生命周期排放评估体系尚未建立的问题。不同技术路径下的成熟度、经济性、适用性和市场推广潜力缺乏有效评估。

(4)随着新能源车推广水平不断提升,配套设施亟须不断完善。目前道路网充/换电、加氢基础设施布局和配置方法体系尚未建立,干线路网布局方案尚不明确。

(5)回顾国内外交通运输行业低碳发展相关政策,仅有个别研究是聚焦在交通运输领域节能减排政策方面,大多数的国内外研究主要聚焦在交通低碳发展的影响因素、交通能源和碳排放测算分析以及交通低碳发展的路径等方面,针对某一区域开展交通碳减排相关政策体系的研究较少,其中对经济政策研究更少。

(6)回顾国内外交通运输行业低碳发展相关资金需求和资金政策的研究现状,目前多侧重于对交通低碳发展途径的定性分析,对各项减排技术措施的减排贡献以及减排成本分析较少,不能为交通减排措施的选择提供直观、定量的支撑,也不能够确保每项减排措施能够有足够的资金以落地实施。需要建立、完善绿色金融政策体系,引导和激励金融体系以市场化的方式,来支持绿色投融资活动,凸显了绿色低碳发展经济政策研究的必要性。

第2篇

基础篇

第3章 交通运输行业碳排放现状研究

3.1 交通运输行业碳排放现状核算边界

本节所述的交通运输行业碳排放核算边界,包括道路机动车、铁路内燃机车、民用航空器等运输装备使用环节燃烧化石燃料造成的碳直接排放。其中,不包括交通基础设施建设、维护和拆除环节的碳排放,国际航空部分的碳排放,运输辅助活动产生的碳排放。即:既不包括交通枢纽营运活动产生的碳排放,也不包括服务于运输的辅助性活动(如运输代理、救助打捞等)产生的碳排放;与运输领域相关的生命周期过程中的碳排放,如运输装备制造、维修及拆解;运输装备使用电力的间接碳排放。

3.2 交通运输领域碳排放现状核算方法

3.2.1 核算方法介绍

交通运输行业碳排放核算方法分为基于燃料消耗的核算方法和基于运输装备活动水平的核算方法。

(1)基于燃料消耗的核算方法。交通运输行业基于燃料消耗的核算方法如下:

$$E = \sum_i \text{FC}_i \times C_i \tag{3-1}$$

式中,E 为交通运输领域二氧化碳排放总量;FC_i 为交通运输领域第 i 种燃料的消耗量;C_i 为第 i 种燃料的碳排放因子。

(2)基于运输装备活动水平的核算方法。核算方法如下:

$$E = \sum_{i,j} \text{TR}_{i,j} \times \text{FI}_{i,j} \times C_i \tag{3-2}$$

式中,E 为交通运输领域二氧化碳排放总量;$\text{TR}_{i,j}$ 为交通运输领域 j 类子领域使用第

i 种燃料运输装备的周转量;$\mathrm{FI}_{i,j}$ 为交通运输领域 j 类子领域单位周转量第 i 种燃料的消耗量;C_i 为第 i 种燃料的碳排放因子。

特别地,对于公路和城市交通运输领域而言,上述基于活动水平的核算方法可以转化为基于车辆行驶里程数据的计算方法,具体如下:

$$E = \sum_{i,j} \mathrm{VP}_{i,j} \times \mathrm{VKT}_j \times \mathrm{FC}_{i,j} \times C_i \tag{3-3}$$

式中,E 为公路和城市交通运输领域二氧化碳排放总量;$\mathrm{VP}_{i,j}$ 为第 i 种燃料类型的 j 类车辆的保有量;VKT_j 为 j 类车辆年均行驶里程;$\mathrm{FC}_{i,j}$ 为 j 类车辆第 i 种燃料的百公里燃料消耗量;C_i 为第 i 种燃料的碳排放因子。

由上述两种计算方法可以看出,基于燃料消耗的碳排放核算方法基于实际燃料消耗,能够真实反映出实际碳排放量;然而基于燃料消耗的核算方法存在如下缺点:一是《国家能源统计年鉴》中"交通运输、仓储和邮政业"中的燃料消耗并不能覆盖所有交通运输领域,而其他用能终端中交通运输领域燃料消耗占比尚不明确;二是黑加油站柴油销售以及乙醇等替代燃料的消耗未纳入交通燃油消耗量统计口径,基于燃料消耗的核算方法一定程度上低估了交通运输领域二氧化碳排放量;三是总燃料消耗量无法细化到公路、铁路、航空等具体领域;四是基于燃料消耗的核算方法在未来预测过程中存在较大的不确定性。基于运输装备活动水平的核算方法能够较好地反映交通运输领域实际能耗水平,进行细分交通运输子领域的精细核算,同时也能够基于社会经济发展指标预测对于运输装备活动水平进行方法学上较为成熟的预测;然而该方法需要数据种类较多,统计上通常存在较大缺口,因此,核算结果往往存在一定的不确定性。

从国际研究经验来看,目前美国机动车温室气体排放清单采用了利用车辆年均行驶里程数据的基于活动水平的核算方法,欧洲对二氧化氮等其他类型温室气体也推荐基于运输装备活动水平的核算方法,对二氧化碳则推荐采用燃油消耗的方法。从国内研究经验来看,我国针对以机动车为主的道路移动源进行了两次污染源普查,积累了较为完整的车辆保有量、行驶里程等基础数据;国家统计年鉴中对公路、铁路和民航领域客货运量和旅客、货物周转量有着较为明确的统计指标。

综合国内外研究现状,核算方法主要采用基于活动水平的核算方法,对于公路和城市交通运输领域采用更为细致的基于行驶里程的核算方法,对于铁路和民航领域采用周转量法。同时使用燃料消耗法对数据进行校对,提高计算的准确度。本节选择内蒙古自治区作为典型省份开展碳排放现状核算研究,可以为交通运输行业绿色低碳发展工作提供参考。

3.2.2 车辆保有量

从《中国统计年鉴》中获取了内蒙古自治区 2010—2019 年分车型机动车保有量数据,从内蒙古自治区公安厅获取了内蒙古自治区 2010—2020 年分车型分燃料类型新注册量数据,从内蒙古自治区交通运输厅获取了 2010—2020 年营运车辆(营运客车、营运货车、公交车和出租汽车)车辆保有量数据。

内蒙古自治区民用车辆保有量逐年上涨,增长率逐步放缓。截至 2019 年底,内蒙古自治区民用车辆保有量达到 577 万辆(近 9 年年均增长率 13%),其中载客汽车 507 万辆,载货汽车 66 万辆,其他民用车辆(三轮车及低速汽车)4 万辆。内蒙古自治区公路和城市交通领域车辆保有量数据如图 3-1 所示。

图 3-1 内蒙古自治区公路和城市交通领域车辆保有量数据(2010—2019 年)

内蒙古自治区 2010 年公路和城市交通领域车辆新注册量为 48.7 万辆,此后 2010—2017 年较为稳定,维持在每年新增 50 万辆左右,2017 年后开始逐步下降,到 2019 年当年新增量为 34.7 万辆。小型客车是新增车辆的主体,每年的新增量基本占当年所有新增车辆的 85% 以上,如图 3-2 所示。

内蒙古自治区 2020 年营运客车总量为 1.1 万辆,其中以大型客车为主,占比为 65%;营运客车保有量在 2015 年前较为稳定,在 1.2 万~1.3 万辆之间,从 2015 年开始稳步缓慢下降。营运货车 2020 年保有量为 25.1 万辆(含挂车),其中以重型货车为主,占比为 77%;轻型货车占比较少,这主要是因为从 2019 年起营运货车统计口径发生变化,对 4.5t 以下轻型货车不再发放营运证。营运货车保有量变化趋势与营运客车变化趋势相似,2015 年以前保有量较为稳定或缓慢增长,2015 年后逐步下降。内蒙古自治区营运客货车保有量数据如图3-3所示。

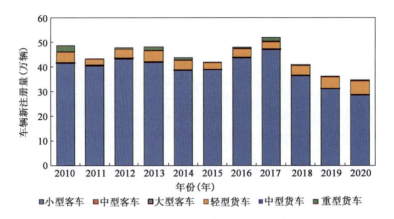

图3-2 内蒙古自治区公路和城市交通领域车辆新注册量数据(2010—2020年)

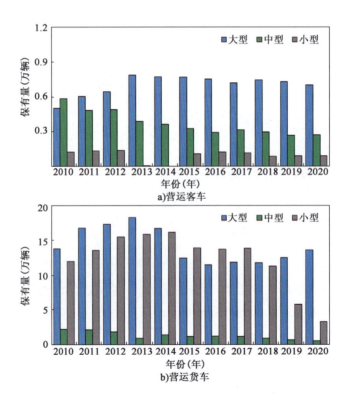

图3-3 内蒙古自治区营运客货车保有量数据(2010—2020年)

内蒙古自治区2020年出租汽车保有量为6.8万辆,从2010年的5.3万辆逐步增加到2015年的6.7万辆,此后缓慢增长,一直维持在6.7万~6.8万辆。内蒙古自治区2020年公交车保有量为1.2万辆,从2010年0.8万辆增长到2014年突破1万辆,此后稳步增长,到 2019 年达到 1.2 万辆。内蒙古自治区公交车、出租汽车保有量数据如图 3-4 所示。

图 3-4　内蒙古自治区公交车、出租汽车保有量数据(2010—2020 年)

3.2.3　客货运量及周转量

(1)公路和城市交通领域。从《内蒙古统计年鉴》中获取了内蒙古自治区 2010—2019 年公路和城市交通领域(营运性车辆)客货运量和旅客、货物周转量数据,详见表 3-1。

公路和城市交通运输领域客货运量及旅客、货物周转量　　　　表 3-1

年份 (年)	客运量 (万人次)	货运量 (万 t)	旅客周转量 (亿人·km)	货物周转量 (亿 t·km)
2010	19830	85162	218.21	2261.12
2011	21807	103651	241.17	2737.61
2012	23310	125260	264.04	3299.82
2013	16184	97058	173.44	1872.71
2014	13494	126704	161.40	2103.47
2015	11017	119500	160.34	2239.96
2016	10347	130613	152.75	2423.64
2017	9421	147483	142.65	2764.47
2018	7823	160018	122.43	2985.63
2019	6518	110874	101.64	1954.51

(2)铁路领域。从《内蒙古统计年鉴》中获取了内蒙古自治区 2010—2019 年铁路领域客货运量和旅客、货物周转量数据,详见表 3-2。

内蒙古自治区铁路领域基础数据　　　　表3-2

年份(年)	客运量(万人次)	货运量(万t)	旅客周转量(亿人·km)	货物周转量(亿t·km)
2010	4136	47040	170.3	2451.76
2011	4156	42934	169.28	2684.72
2012	4273	42813	172.41	2570.52
2013	4866	76849	187.07	2589.25
2014	4797	77593	201.73	2367.61
2015	5117	66653	210.80	1950.34
2016	5394	69855	222.22	1918.10
2017	5452	79969	220.01	2382.29
2018	5451	87849	214.71	2610.35
2019	5643	87121	211.61	2734.98

（3）民航领域。从《内蒙古统计年鉴》中获取了内蒙古自治区2010—2019年民航领域客货运量数据，从《中国统计年鉴》获取了2010—2019年民航领域全国客货运平均运距数据，详见表3-3。

内蒙古自治区民航领域基础数据　　　　表3-3

年份(年)	客运量(万人次)	货运量(万t)	旅客平均运距(km)	货物平均运距(km)
2010	377	3.11	1508.83	3177.38
2011	457	3.63	1547.57	3119.59
2012	605	4.68	1573.69	3006.96
2013	701	5.49	1598.11	3034.14
2014	742	5.88	1616.08	3160.61
2015	852	7.14	1669.62	3306.38
2016	956	7.16	1716.97	3330.03
2017	1188	7.51	1724.75	3450.28
2018	1340	7.38	1751.13	3554.44
2019	1443	8.18	1773.71	3494.68

综合分析公路和城市交通、铁路、民航领域三个领域客货运量和旅客、货物周转量历史变化趋势，可以看出：

(1) 客运量:随着近年来私家车出行比例不断增加,客运总量在 2012 年后逐年下降,从 2012 年的 2.82 亿人次下降到 2019 年的 1.36 亿人次,年均降幅为 10%。从运输结构上看,公路和城市交通客运量及其分担率不断下降,从 2012 年到 2019 年总量下降了 72%,分担率也从 83% 下降到 48%;铁路客运量是从 2010 年起稳步增长,共增长了 35%,分担率从 17% 增长到 41%;民航客运量增长近四倍,分担率从 2% 增长到 11%。

(2) 旅客周转量:随着旅客出行距离的增加,在内蒙古自治区客运总量年均下降 10% 的情况下,旅客周转量年均降幅仅为 5%。从运输方式上来看,内蒙古自治区旅客周转量从早期 2010 年公路和城市交通为主(56.3%)逐渐转换到 2019 年为以铁路为主(67.5%)。

(3) 货运量:近年来,内蒙古自治区货运量整体呈现稳步增长的趋势(2015 年和 2019 年有小幅下降),2010—2019 年年均增长率为 8%。从运输方式来看,公路运输和铁路运输量整体呈现上升趋势,公路运输仍是运输主体,占比为 56%,但近年来占比略有下降;民航运输量在过去十年间翻倍增长,但是由于其整体体量较小,其分担率尚无明显增长。

(4) 货物周转量:与货运量变化趋势相似,货物周转量近年来也呈现出稳步增长趋势,2010—2019 年年均增长率为 5%,增长比例低于货运量增长比例。受运输结构调整的影响,铁路货物周转量占比不断上升,从 2010 年的 42% 增长到 2019 年的 57.8%,铁路已经成为内蒙古自治区最主要的货物运输方式。

3.2.4 能源消耗数据

从《中国能源统计年鉴》中获取了内蒙古自治区 2010—2019 年能源平衡表,从内蒙古自治区统计局获取了内蒙古自治区 2015—2019 年"交通运输、仓储和邮政业"终端公、铁、水、航分领域消耗能源消耗数据,从内蒙古自治区交通运输厅获取了 2019—2020 年营运性车辆(营运性客货车、公交车和出租汽车)燃料消耗数据和单位行驶里程能耗数据。

根据本小节的基础数据,按照 3.2.1 小节碳排放核算方法,可以得到碳排放结果。内蒙古自治区正处于工业化、城镇化的快速发展阶段,需要强调遵循客观规律,积极稳妥转型,确保安全降碳,聚焦交通运输行业高质量发展与生态环境高水平保护的协同促进,实现交通运输领域绿色低碳发展。

3.3 交通运输行业碳排放统计监测展望

3.3.1 交通运输行业碳排放统计监测基础

1) 监测背景和必要性

我国"双碳"目标对交通运输领域高质量碳排放统计监测体系建设提出迫切要求,交通运输能源需求和二氧化碳排放量快速增长,仅次于能源、工业、建筑领域。伴随着我国整体步入工业化后期和后工业化发展阶段,交通运输领域将成为影响我国碳达峰、改善空气质量和保障能源安全的重点领域。研究交通运输领域碳排放统计监测核算关键技术,建设稳定可靠的碳排放统计监测体系和核算体系,理清交通运输绿色低碳发展路径,势在必行。

行业管理对交通运输碳排放统计监测平台开发提出了明确要求,国家交通运输低碳发展实施方案提出要完善交通运输领域能耗统计体系,健全交通运输碳排放统计监测系统,构建交通碳排放监测平台。交通运输部编制的《绿色交通"十四五"发展规划》提出利用在线监测及大数据技术,建设交通运输能耗、碳排放与污染物监测平台;《公路水路交通低碳发展行动计划》提出要完善碳排放监测核算和统计评价体系,健全交通运输领域能源消费统计制度和指标体系。交通运输主管部门已经对交通行业碳排放统计监测体系和平台建设提出了方向性要求。粗略估算,上述方案、规划、行动计划中需要监测的量化指标,约50%需要通过多源数据融合和核算分析解决。

2) 该领域的研究现状分析与评价

(1) 碳排放监测方法。国内对交通碳排放监测的研究多数集中于车辆本身,少数研究涉及宏观的碳排放监测。交通运输部基于 HBEFA 模型形成了"城市交通环境排放监测评估模型",深圳市与德国合作开发了"深圳市交通排放核算模型和动态监测平台"。总体来说,开发科学的交通碳排放实时监测平台是目前先进有效的碳排放监测方法,但是多数地区尚处于起步阶段,在监测指标、系统边界及本地化等方面存在问题。发达国家在微观层面监测技术较成熟,正大力开发研制智能型油耗检测装置,其功能、测试项目、精度等都在不断发展与完善之中。在宏观监测层面,国外开发了 HBFFA、MOVES

及 COPERT 等监测模型,其具有明确的监测指标和系统边界,且涵盖国家到地方的排放因子数据库。

(2)交通碳排放的测算方法。国内学者主要基于燃料销售或能源平衡表的统计测算、基于交通运输活动水平对"自上而下"和"自下而上"测算模型进行验证和改进,对主要行业的碳排放核算进行界定,但普遍属于探索尝试阶段,缺少固定源碳排放及碳排相对变化测算方法的研究,尤其对于本地化的排放因子库建立处于缺失状态。总的来看,目前我国交通运输行业尚未建立统一完整的碳排放指标体系,同时缺乏交通运输领域碳排放计算核算的规范指导和统一标准。国外以欧洲国家为先驱,明确了统一的指标体系与排放因子库,如德国与奥地利等国联合开发的 HBFFA 模型,是欧洲交通污染测算的主要工具之一,在我国乃至世界多国也有应用。得益于统一的标准和多种可使用模型,国外学者正开展一些更前沿的研究,包括提高现有测算方法适用性和探寻新的测算方法等。总体上,欧洲发达国家低碳交通起步早,发展较成熟,其科研成果和领先技术是值得国内学习借鉴的。

(3)碳排放数据共享。目前国内大数据发展迅速,已有交通运输大数据、相关行业大数据以及商业大数据基础,碳排放数据的共享既是需求,也是数据治理的机遇。作为监测体系的应用层,碳排放数据共享的研究在国内极少。总的来看,监测数据的质量控制机制、数据采集的常态保障机制及监测数据的共享机制尚未明确。在推进碳减排的全球战略下,欧美国家也在积极开展在碳排放监测、数据应用领域的数据共享研究,并取得了较多的研究成果,但由于存在行业壁垒,成果应用较少,成果的实用性尚待验证。

综上所述,在全球对于温室气体排放控制日益重视的背景下,国内外对于交通碳排放监测、测算方法、数据交换与共享等方面进行了大量研究和探索性应用,取得了诸多成果,为本项目的开展奠定了一定的理论基础,但目前的研究仍存在以下问题:①碳排放监测指标与行业应用的契合度较差,尤其是在大数据环境下对绿色低碳发展相关决策支撑的精准性有待提升;②交通运输碳排放一般性模型对地区的适用性不强,需进行小单元级模型校正,以反映本地化特征;③在监测数据获取中对获取方式进行了聚焦,对数据质量校核方法的研究较为薄弱。

3.3.2 交通运输行业碳排放统计监测研究展望

1)主要研究目标

(1)刻画能耗、碳排放与交通运输行业特点的影响机理(指标体系)。考虑经济社会发展特征,探索固定源、移动源碳排放监测需求,面向交通运输生命周期中不同阶段构建指标体系,力求全面系统刻画能耗、碳排放与交通运输行业特点的影响机理。

(2)建立碳达峰碳中和导向下的交通运输碳排放监测机制框架(技术与制度)。以全社会碳达峰、碳中和的目标要求为导向场景,突出需求导向和目标导向,提出碳排放监测采集核算体系和监测采集制度体系,建立面向技术、结构、管理等基本措施的交通运输行业碳排放监测机制框架。

(3)搭建对交通运输行业碳排放监测的路径和平台。在开展监测目的、监测指标、监测方式等需求论证的基础上,选择"自上而下"或"自下而上"的交通运输行业碳排放监测基本路径。通过明确逻辑框架、规划物理框架,搭建监测平台,实现监测理论方法在工具层面的落地。

2)主要研究内容

(1)交通运输碳排放特点与监测核算需求分析。分析典型省(区、市)综合交通运输网络的布局和运输结构,以公路客运、公路货运及城市客运体系为研究重点,对碳排放统计监测现状进行全面梳理,对标历史和全国其他各省(区、市),分析典型省(区、市)交通运输碳排放特点,挖掘存在的问题与不足。结合国家、地区、行业对交通运输绿色低碳发展工作部署,研究交通运输碳排放统计监测与精准化核算需求,明确监测目标和重点方向。

(2)交通运输行业碳排放统计监测体系顶层设计。基于交通运输行业管理需求、现状特点等,结合典型省(区、市)能源产业占比高、重型车辆多的特点,研究提出适应交通运输行业特点的碳排放统计监测体系建设思路,采用监测+统计相结合的方式,分门别类提出各子行业统计监测内容、监测频度、监测方法及长效机制。研究以多条技术路线为手段、以多关联指标相互校核为主要方式的监测质量控制方式。

(3)大数据环境下交通运输领域碳排放数据共享机制建立。基于目前已有的交通运输大数据及相关领域大数据基础,着重采用自建设施+融合其他行业数据+融合部分商业化数据的数据建设模式,探索数据融合方式下交通运输行业碳排放高质量监测、核算的外部数据需求与获取方式,并提出基于监测平台的对外部行业数据供给模式,形成数据共享机制。

(4)交通运输行业碳排放核算方法设计。明确交通运输行业碳排放监测的范围边界和重点。基于可采集的数据及时间粒度,采用监测+统计的方式,论证自上而下和自下而上的碳核算方法的适用性。研究基于运输企业、交通工具、生产运行、能源消耗等多源大数据的核算方法学,以典型省(区、市)行政区域为核算范围,利用交通需求与运行特征和交通排放因子，计算特定时空范围的交通能耗与排放量，建立"自下而上"以移动源为单元的微观核算模型与宏观计量方法，搭建基于大数据背景下的计量微观核算体系。

（5）交通运输行业碳排放监测系统开发。基于监测数据需求和不同监测对象特征明确系统的硬件终端性能指标与选型，规划交通运输行业碳排放监测平台的功能模块与数据流，向上对接全国交通运输行业平台，向下对接行业内企事业单位，并通过共享对其他部门实现数据共享，设计碳排放监测系统的逻辑框架。基于逻辑框架，选定具体物理设备，对具体软硬件的性能进行论证，设计其物理框架，并完成实物系统的设计。对数据采集终端进行设备选型，面向固定源以及车辆移动源等不同监测对象设计其数据采集、数据传输方式并完成功能验证测试。

3）关键技术问题

（1）交通运输行业碳排放监测指标体系与核算方法。目前我国交通运输行业尚未建立完整的碳排放指标体系，同时缺乏交通运输领域碳排放核算的规范指导和统一标准，典型省（区、市）本地化的交通运输碳排放监测指标体系和核算方法尚处于空白状态。尤其是交通运输行业移动源具有点多、面广、动态漫入和漫出的特点，对其实施动态化监测具有较大难度。如何在契合国家、行业的碳排放监测需求前提下，以典型省（区、市）交通运输时空分布特征和大数据构成特征为依据，将交通固定源和移动源碳排放进行统筹考虑，覆盖建设期和运营期两个环节，建立本地化核算方法，并以此为导向提出监测指标体系是首要关键问题。

（2）交通运输行业碳排放监测数据共享机制。交通运输行业作为经济社会重要的支撑子系统，与经济、发展改革、规划、公安、旅游等领域关系紧密。在信息化环境下，相关行业也将产生多源运行大数据，为交通运输行业碳排放监测及质量控制提供了丰富的数据源。因此，需全面把握相关行业大数据特征，系统设计其在交通运输行业碳排放监测中的功能作用，明确各数据获取方式、时空粒度等，实现数据规范归集与治理成为长效产出的关键之一。同时，交通运输行业碳排放监测数据如何在"双碳"目标下实现对企业、其他部门的有效供给，发挥其在行业监管和产业化推进方面的应用是最终落脚点。因此，全面搭建符合系统数据供给、数据输出特征的共享机制是关键与核心。

（3）交通运输行业碳排放监测数据质量控制。从重庆、海南、浙江等已建立交通能耗监测体系的省（市）来看，普遍存在数据失真的问题，其中移动源数据质量问题尤为突出。在大数据环境下，利用企业截面和剖面能耗数据、车辆里程单耗与周转量单耗数据等指标间的相关关系，可搭建监测数据质量审核机制，通过关键断面识别建立碳排放核查线方法,结合质量控制制度体系的建立,可实现闭环式管理,从根本上提升碳排放监测质量。

4) 研究创新性

(1) 理论创新。在大数据环境下构建监测指标体系与共享机制。充分考虑目前已形成的各行业大数据基础和交通运输行业碳排放监测目的、需求,建立覆盖数据共享应用、数据独立采集、数据初筛初审、数据共享输出等全环节的碳排放大数据应用链条,形成基于供给端和需求端的监测指标体系和共享机制,可实现闭环式管理,从根本上提升碳排放监测质量。

(2) 应用创新。协同性监测交通运输行业移动源和固定源碳排放,针对建设期固定源、运营期固定源以及车船等移动源进行碳排放监测体系设计,对交通运输行业移动源和固定源的碳排放进行协同性监测技术研究及系统开发,提升交通运输行业碳排放监测的全面性。

(3) 技术创新。①基于多源数据融合的智能监测技术。基于监测数据需求和不同监测对象特征明确系统的硬件终端性能指标与选型,规划交通运输行业碳排放监测平台的功能模块与数据流,设计碳排放监测系统的逻辑框架。②以多条技术路线为手段、以多关联指标相互校核为主要方式的监测质量控制技术。在大数据环境下,利用企业截面和剖面能耗数据、车辆里程单耗与周转量单耗数据等指标间的相关关系,可搭建监测数据质量审核机制,通过关键断面识别建立碳排放核查线方法,建立多源数据融合下的异常数据自动初筛机制,结合质量控制制度体系的建立,可实现闭环式管理,从根本上提升碳排放监测质量。③具有本地化特征的交通运输行业移动源碳排放核算计量技术。通常对公路运输行业监测计算周转量碳排放强度,而对于城市客运尤其是巡游出租汽车客运、城市公交客运等行业监测里程或客运量碳排放强度,因此,无法深层次反映城市化特征下客运碳排放特征及潜力空间。以城市客运周转量的准确获取为切入点提供交通运输行业移动源碳排放监测核算计量技术。

第4章 交通运输行业碳减排预测方法研究

4.1 交通运输行业碳减排预测模型

交通运输行业碳减排预测方法与现状核算方法相同,对于公路和城市交通领域,采用基于车辆活动水平的核算方法;对于铁路和民航领域,采用基于周转量的核算方法。不同核算方法下主要预测参数见表4-1。

交通运输领域碳减排预测模型基本参数　　　　　表4-1

交通运输领域	预测参数	预测指标
公路和城市交通	活动水平	车辆保有量
		车辆行驶里程
	管控措施	新能源车辆推广比例
		燃油车能效提升水平
铁路	活动水平	铁路旅客、货物周转量
	管控措施	铁路电气化水平
		内燃机车能效提升水平
		运输结构调整比例
民航	活动水平	民航旅客、货物周转量
	管控措施	民用航空器能效提升水平
		生物燃料等低碳燃料使用水平

在活动水平和管控措施的预测过程中,可以参考《中华人民共和国国民经济和社会发展第十四个五年规划和2035年远景目标纲要》中综合交通运输相关规划。以下分别从活动水平和管控措施两个方面介绍研究使用的模型结构。

4.1.1　不同交通运输领域活动水平预测方法

(1)车辆保有量预测模型。对于乘用车而言,欧美等发达国家汽车增长趋势表明,汽车保有量与人均GDP(Gross Domestic Product,国内生产总值)密切相关,在人均GDP较低的阶段,乘用车保有量增长速度较为缓慢。人均GDP超过2.5万美元后,汽车普及率趋于饱和状态,导致保有量增长速度再次放缓。整体上,汽车保有量随着人均GDP的增长呈现出缓慢增长、井喷和饱和三个阶段的S形发展趋势,如图4-1所示。

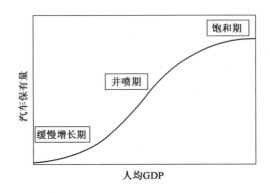

图4-1　Gompertz模型曲线示意图

研究采用国际上广泛使用的冈珀茨模型(Gompertz模型)预测乘用车保有量,Gompertz模型整个曲线呈S形,具体公式如下:

$$\mathrm{VP}_{\mathrm{per}_i} = \mathrm{VP}_{\mathrm{per}_s} \times e^{\alpha e^{\beta \mathrm{GDP}_{\mathrm{per}_i}}} \tag{4-1}$$

式中,$\mathrm{VP}_{\mathrm{per}_i}$表示在目标年$i$时的每千人乘用车保有量;$\mathrm{VP}_{\mathrm{per}_s}$表示每千人小型客车保有量的饱和值;$\mathrm{GDP}_{\mathrm{per}_i}$指目标年$i$时人均GDP;$\alpha$和$\beta$是方程的两个参数,通过对历史数据的拟合获得。

对于商用车而言,欧美等发达国家汽车产业增长趋势表明,在人均GDP达到2.5万美元之前,商用车保有量一直呈近似线性增加的趋势,在人均GDP达到2.5万美元后,商用车保有量出现了下降或者加速增长的趋势。近年来国内统计数据显示,商用车保持了较为稳定的增长势头,本研究基于多年历史数据采取了趋势外推的方法对其进行保有量预测。

(2)旅客、货物周转量预测模型。近年来,随着我国经济社会的高速发展,货运需求不断上涨。2021—2035年,我国经济社会仍将快速发展,工业化和城镇化进程持续推进,旅游、探亲、访友、商业等居民出行活动愈加频繁,导致我国货物和旅客运输需求仍将保持增长趋势。

①旅客周转量。参考《交通强国建设纲要》《国家综合立体交通网规划纲要》《内蒙古自治区"十四五"综合交通运输发展规划》等相关规划中提出的旅客周转量变化趋势预测,通过梳理现有客运交通运输需求预测的相关研究,遴选人口、GDP、服务业发展水平、人口结构、交通基础设施发展水平等关键指标,构建多因素回归模型预测交通客运周转量。

②货物周转量。参考《交通强国建设纲要》《国家综合立体交通网规划纲要》《内蒙古自治区"十四五"综合交通运输发展规划》等相关规划中提出的货物周转量变化趋势预测,深入分析货运需求变化与各项影响因素的关系,采用多元回归、增长率法、弹性系数三种数学模型,定量比选多模型结果结合定性判断,预测交通货物周转量。

4.1.2 未来交通运输行业典型管控措施预测方法

(1)新能源运输装备推广。我国2019年新能源汽车销售120.6万辆,占当年汽车销售量的4.7%。根据国务院办公厅发布的《新能源汽车产业发展规划(2021—2035年)》,到2025年底前新能源车销售占比达到25%,2035年纯电动汽车成为新销售车辆的主流,公共领域用车全面电动化。根据《节能与新能源汽车技术路线图2.0》《内蒙古自治区关于加快重点领域新能源车辆推广应用实施方案》和目前汽车产业发展规划、新能源汽车产业规划、替代燃料汽车发展等,预测未来汽车能源结构发展比例。铁路机车及航空飞机发展主要考虑电气化机车、生物燃料飞机的发展趋势。

(2)运输装备能效提升。根据《节能与新能源汽车技术路线图2.0》,并使用实际油耗对公告油耗进行修正。设定未来年内燃汽车(含混合动力汽车)比2020年新车能耗降低比例。分别参考铁路科学研究院、中国民航科学技术研究院等国内相关研究机构的研究结果,预测未来铁路内燃机车、航空器发动机能效提升比例。

(3)运输结构调整。基于现有运输结构,依据现行"公转铁"政策,参考国家及内蒙古自治区运输结构调整相关规划,对政策趋势进行趋势外推,设定"十四五"期间及未来一段时间内,铁路货运量分别提升量及比例。

4.2 交通运输行业碳减排预测基础数据分析

4.2.1 活动水平预测

(1)车辆保有量预测。将 Gompertz 模型进行变换,可以得到下式:

$$f(\mathrm{VP_{per_i}}, \mathrm{VP_{per_s}}) = \beta \mathrm{GDP_{per_i}} + \ln\alpha \tag{4-2}$$

式中,各变量含义参考式(4-1),说明千人保有量的函数形式与人均 GDP 存在线性关系。

研究基于 Gompertz 模型模拟了 2002—2019 年内蒙古自治区小客车历史变化趋势,参考国际发展经验,将千人保有量的饱和值设置为 350,模拟结果图 4-2 所示。可以看出,Gompertz 模型可以很好地模拟内蒙古自治区小型客车历史变化趋势。研究结合未来人口 GDP 发展趋势预测未来小型客车保有量变化,基于弹性系数法预测商用车保有量。值得注意的是,受到 2008 年末开始的经济刺激计划的影响,2008—2010 年内蒙古自治区的货车保有量出现井喷式增长,2010 年的重型货车保有量比 2008 年增长了 60%。考虑到刺激政策作用的时效性以及中国经济增长放缓的新常态,预计未来的重型货车保有量的增长趋势将逐渐回落,降至 2008 年之前的保有量增长水平。

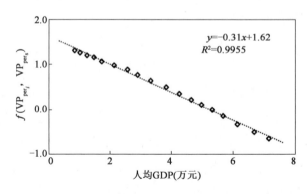

图 4-2 内蒙古自治区小客车历史发展趋势(2002—2019 年)

综合各车型预测方法和现状数据,预测内蒙古自治区 2020—2050 年车辆运输装备保有量如图 4-3 所示。从图中可以看出,内蒙古自治区车辆保有量约在 2042 年达到峰值,峰值约为 1080 万辆。其中小客车是车辆的主体,占比在 80% 左右。随着社会经济的发展,货运需求不断提升,货车占比也在稳步提升。

(2)旅客、货物周转量预测。《内蒙古自治区"十四五"综合交通运输发展规划》对内蒙古自治区旅客、货物周转量及运输方式进行了预测。对于公路领域而言,分析公路客货运需求变化与 GDP、产业结构等影响因素的关系,采用多元回归、增长率法、弹性系数三种数学模型预测。内蒙古自治区公路旅客周转量年均增长率为 −6.6%,货物周转量年均增长率为 2.17%。到 2025 年,货物周转量将达到 2176 亿 t·km,旅客周转量将达到 73 亿人·km。到 2030 年,货物周转量将达到 2423 亿 t·km,旅客周转量将达到 51 亿人·km。

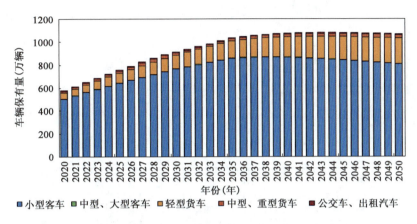

图 4-3　内蒙古自治区车辆保有量预测(2020—2050 年)

对于铁路领域而言,分析铁路客货运需求变化与 GDP、产业结构等影响因素的关系,采用多元回归、增长率法、弹性系数三种数学模型预测。内蒙古自治区铁路客运周转量年均增长率为 1.6%,货物周转量年均增长率为 0.52%。到 2025 年,货物周转量将达到 2750 亿 t·km,客运周转量将达到 229 亿人·km。到 2030 年,货物周转量将达到 2822 亿 t·km,旅客周转量将达到 248 亿人·km。

对于民航领域而言,采用内蒙古自治区民航领域客货运量乘以全国民航领域客货运平均运距折算民航旅客、货物周转量。采用回归分析法、弹性系数法和时间序列法预测内蒙古自治区民航客货运量,"十四五"期间民航客货运量年均增长率分别为 6.7% 和 24.6%,"十五五"期间民航客货运量年均增长率分别为 6.7% 和 17.0%。到 2025 年,民航货物周转量将达到 86 亿 t·km,旅客周转量将达到 354 亿人·km。到 2030 年,货物周转量将达到 186 亿 t·km,旅客周转量将达到 490 亿人·km。

4.2.2　管控措施预测

对于能效提升管控措施而言,分领域说明管控措施预测结果:对于公路和城市交通领域而言,到 2025 年和 2030 年,单位周转量能耗相比 2020 年分别下降 5% 和 15%;对于铁路领域而言,到 2025 年和 2030 年,单位周转量能耗相比 2020 年分别下降 3% 和 4%;对于民航领域而言,到 2025 年和 2030 年,单位周转量能耗相比 2020 年分别下降 2% 和 3%。对于运输结构调整措施而言,预测到 2025 年,大宗货物"公转铁"比例将达到 5% 左右。对于新能源推广措施而言,分领域说明管控措施预测结果。

(1)公路和城市交通领域。根据《内蒙古自治区关于加快重点领域新能源车辆推广应用实施方案》预测未来内蒙古自治区新能源车推广情况,以重型货车和小型客车为例说明主要关键参数。对于重型货车而言,其未来主要推广路径如图 4-4 所示,到 2050 年新能源货车比例将超过 50%。小型客车参考全国的新能源小型客车推广情况,2035 年前电动汽车和混合动力电动汽车同步推进,2035 年后电动汽车技术成熟后主推电动汽车,如图 4-5 所示。

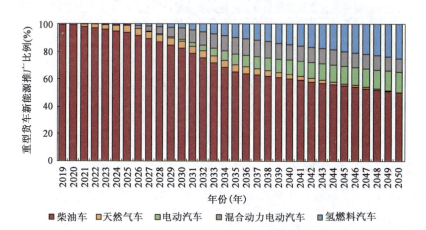

图 4-4　重型货车新能源推广路径(2020—2050 年)

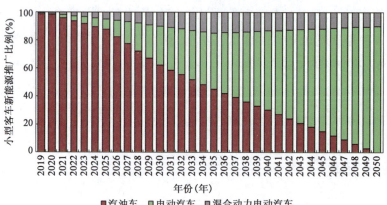

图 4-5　小型客车新能源推广路径

(2)铁路领域。对于铁路而言,目前我国平均电力机车占比约为63%,随着铁路电气化不断发展,预计在2046年可以实现全部电力机车电动化,如图4-6所示。

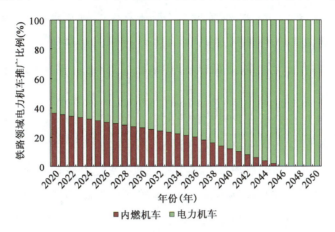

图4-6 铁路领域电力机车推广路径

(3)民航领域。对于民航领域而言,目前外控制措施较少,预计在2040年左右开始逐步推广生物燃料油从而削减民航领域碳排放,如图4-7所示。

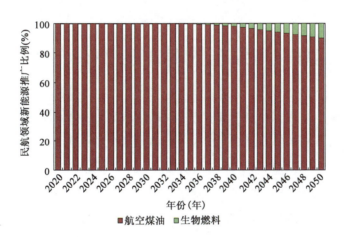

图4-7 航空领域生物燃料推广路径

交通运输绿色低碳发展中,能效提升、结构调整、能源替代措施提供最主要的减排贡献。充分考虑我国及内蒙古自治区相关战略规划、新能源和节能运输装备推广情况、车辆能效水平、运输结构调整实施情况、对目前实施和未来潜在的减排措施,从技术成熟度、实施条件可行性、经济可行性、制度可行性等方面进行综合评估。

对标国际及国内先进经验,在充分考虑产业发展的基础上,结合未来的政策目标和技术发展潜力,对细分的参数作出进一步的设置,可以构建出基准情景和低碳情景,以模拟不同减排措施力度下的碳排放趋势。①基准情景:以交通运输领域实际发展情况为基础,延续当前政策力度、技术、管理手段,模拟用于评估延续现有政策及技术水平的发展趋势下交通运输领域的能耗与碳排放情况。②低碳情景:在基准情景的基础上,根据内蒙古自治区"十四五"相关规划,综合考虑能效水平提升、运输结构优化和能源替代等主要减排措施的推进情况,加大各项减排措施的推进力度,模拟各类措施的节能减排效果,并预测不同减排措施实施情况下,交通运输领域能耗与碳排放的发展趋势。

综上所述,交通运输领域在碳排放的不同阶段,发挥主要作用的减排措施有所差异。在稳步增长阶段,新能源的大规模替代尚需时间完善上下游产业,提升能效水平是实现碳减排的最主要措施;在增速放缓期和峰值平台期,需要依靠大规模的新能源替代和效果极佳的能效提升手段共同实现交通运输领域的绿色低碳发展;在稳步下降期,主要依赖新能源的大规模稳定替代,实现交通运输领域的碳排放稳步下降。优化运输结构在交通运输行业发展的过程中会起到稳定的碳减排作用,但是减排潜力有限,并且随着时间的推移呈现边际效应递减的趋势。为实现交通运输领域低碳发展,能效提升、运输结构调整和新能源替代需协同发力,其中新能源替代是最关键减排措施。

4.3 交通运输行业绿色低碳发展路径分析

(1)公路和城市交通领域碳减排的主要着力点在于新能源替代。一是纯电动汽车技术相对成熟,充换电技术日趋完善,成本已具备竞争力,基本满足公众日常通勤需要,预测未来2050年前后私家车能全面实现电动化。二是中重型纯电动和氢燃料货车短期内需加大技术研发力度,进一步降低成本,未来中长距离公路货运将以电和氢燃料为主要能源。三是中大型客车短期内在续驶里程方面需加大技术攻关,将逐步被高速铁路替代,高速铁路无法覆盖地区,客运车辆将以纯电动汽车为主、氢燃料汽车为辅。四是城市物流配送车辆的纯电动技术相对成熟,但成本仍不具备竞争优势,不适用于冷链运输车辆和低温寒冷地区,短期内结合城市绿色货运配送示范工程加大推广力度,未来将以电为主要能源,氢燃料为辅助能源。五是城市公交、出租汽车领域的纯电动技术相对成熟,可以加快推广应用,对于存量天然气车辆,不强制淘汰,未来将以电为主要能源。

(2)铁路行业已经提前实现绿色低碳发展。未来进一步深度减排的主要路径在于提升铁路电气化率。铁路内燃机车逐步从油电混合动力机车过渡到"储能电池+接触网"机车,辅以持续提升改造的铁路机车节能技术。

(3)航空运输能效提升仍是短期内减少碳排放的重要手段。一是可通过研发轻质材料及优化航电系统,提升航空飞行器的技术能效;二是可通过空中航线管理优化现有航线,以及通过精细化运营提升运载率来降低航空能耗,从而减少相应的碳排放量;三是使用以酒精、农业残留物、废油脂、无法回收利用的生活和商业垃圾、废气和藻类为原料制备可持续航空燃料(Sustainable Aviation Fuel,SAF)。

第3篇

策略篇

第5章 运输结构优化调整路径研究

5.1 典型省(区、市)运输结构优化调整基础研究

5.1.1 运输结构调整概述

习近平总书记强调,要调整运输结构,减少公路运输量,增加铁路运输量[1]。运输结构调整是指运输在不同运输方式之间转换或转移,目的是使综合运输系统结构合理化、降低运输成本和物流费用、减少能源消耗和污染排放等。在铁路、公路、水路、航空4种运输方式中,铁路是陆地运输中最清洁的方式,公路运输尤其是重型柴油车单位运量氮氧化物排放过高,因此,运输结构调整核心为公转铁、公转水,提高铁路、水路运输比例,减少污染排放。不同交通方式间环保效能差异大。公交车、航空、私家车单位周转量的碳排放量分别为轨道交通的2.7倍、6倍和9倍。

5.1.2 典型省(区、市)运输结构调整现状与问题

以内蒙古自治区为例,分析公路、铁路发展现状及其存在问题,提出相关策略。内蒙古自治区作为国家重要能源和战略资源基地,交通运输在国民经济和社会发展中的支撑作用更为突出,2021年单位GDP货运量和货物周转量均为全国平均水平的2.7倍,运输结构调整的潜力巨大。

1)公路铁路发展现状

到2021年底,全区综合交通运输总里程达到22.8万km,其中公路通车总里程达到21.3万km,高速公路里程达到6985km,一级公路里程达到8984km,二级公路里程达到

---

[1] 出自《人民日报》(2018年04月03日01版)。

20817km,公路网密度达到17.8km/100km²。"十三五"期间,全区累计完成客运量3.7亿人次、旅客周转量568.87亿人·km;营业性道路货运量71.4亿t、货物周转量13140.8亿t·km。对内蒙古自治区东部和西部重点城市进行调研,西部调研城市为呼和浩特市、包头市、鄂尔多斯市、乌海市,其中呼和浩特市公交车新能源比例达54.5%,天然气车辆比例为41.4%,现有新能源出租汽车40辆;包头市到2020年末,纯电动公交车比例达26%,混合动力车辆(气-电)比例为30%,天然气车辆比例为42%,现有纯电动出租汽车54辆;鄂尔多斯市公共汽电车新能源化比例达57.96%,天然气车辆比例为41.86%;乌海市公共汽电车新能源化比例达49.08%(其中氢能源公交车50台),天然气车辆比例为40.68%。东部调研城市为赤峰市、通辽市,其中赤峰市共有公交车1351辆,其中新能源公交车674辆,新能源车占比为49.9%,全市出租汽车燃料类型主要为汽油车和天然气车,电动汽车仅有1辆;通辽市共有公交车338辆,其中新能源公交车94辆,新能源车占比为27.8%。

到2021年末,全区铁路营业里程1.48万km,占全国铁路网总营业里程比重达10.1%,高速铁路营业里程404km,普速铁路营业里程1.44万km。"十三五"期间全区铁路完成客运量2.5亿人次、旅客周转量984.05亿人·km;完成铁路货运量38.6亿t、货物周转量12324.29亿t·km。自治区铁路电气化改造持续推进,滨洲、通让、叶赤、通霍等既有铁路扩能改造完成,全区铁路电气化率和复线率分别提高到45%和40%。由此可以看出,自治区公路货物量与货物周转量仍占货物运输的主要部分,且东西部发展差距较大,未来大宗货物"公转铁"仍是自治区运输结构调整的重点。

2)运输结构调整主要举措及工作成效

以运输结构调整助推新旧动能转换和高质量发展,实现了运输方式优化、运输能耗降低、设施设备升级、市场主体集约等方面的提升,在经济效益、生态效益、社会效益均取得了明显的多赢效果。

(1)运输结构调整主要举措。

一是铁路运能提升行动。推进实施"公转铁"三年行动计划,出台《内蒙古自治区"十四五"铁路发展规划》《内蒙古自治区"十四五"铁路专用线实施方案》,加强干线铁路和铁路专用线建设,在用地预审、规划选址等材料齐备的情况下开辟绿色通道。大宗货物年货运量150万t以上的大型工矿企业和新建物流园区接入及覆盖比例达到80%以上。已形成浩吉、包神、京包、大准、准朔、唐呼等多条铁路对外运输通道,运输总能力突破14亿t。优先保障能源运输并做好跟踪服务,对告急需求进行"点对点"精准保供,出台加强专用线收费管理制度,落实铁路货运杂费减半征收等政策,实施运价下浮项目

229个,平均运费下浮22%,有效保障了大宗货物运力供给。2017—2021年,全区煤炭铁路运输外运量年均约5亿t,占出区外运煤炭总量的80%左右。

二是公路货运治理行动。持续推进公路货运车辆超限超载治理,全面实施高速公路收费站入口称重,优化调整普通干线超限监测站布局,实施收费站驻勤管理,推进路警联合治超,"治超风暴""百吨王"专项行动成效显著。2021年底联网收费高速公路平均超限率0.1%,低于全国平均水平。普通干线公路抽样平均超限率较2018年最高时下降11.7个百分点。推进城乡绿色配送发展,鄂尔多斯市获评国家城市绿色货运配送示范工程城市,城市配送吨公里运输成本较示范建设初期降低14.5%。

三是多式联运提速行动。加快推进通辽多式联运海关监管中心等一批具有多式联运功能的自治区枢纽节点城市货运枢纽(物流园区)建设,促进了不同运输方式间的有效衔接。积极创建国家多式联运示范工程,开展"一单制"试点,2021年西北地区—京津冀区域铁路多功能智慧公铁水多式联运示范工程首次引入驮背车发货模式,填补了国内驮背运输空白。目前多式联运班列实现干支结合、常态开行,2022年1—7月,该项目多式联运总发货量达到2021年全年运量的85.4%,较2020年同期增长了77%,其中驼背运输车发货量同比增长30%。

四是组织模式创新行动。积极探索"互联网+货运"新模式,出台《内蒙古自治区网络平台道路货物运输经营管理实施细则》,网络货运企业累计整合社会车辆15.3万辆,有效降低了车辆空驶率和货运运费。鄂尔多斯市基于大宗产品全场景数字化打造的智慧物联科技平台,实现货场企业和贸易商的信息共享、车货高效匹配。服务货场及关联企业3800余家,月排队和防疫申报突破90万车次,高效解决了煤炭货场拥堵、新冠肺炎疫情防控难题,大幅降低了物流成本。甘其毛都口岸首次启用AGV(Automated Guided Vehicle)技术运输煤炭,2021年涉疫期间日均通关车辆、货运量较2021年同期分别增长了2.68倍和6.58倍。

(2)运输结构调整工作成效。

通过运输结构持续调整,实现了货物运输由公路为主向铁路为主转变,运输用能由化石能源为主向多种用能并存转变,运输市场主体由单一运输企业向多元市场主体转变。

一是铁路货运主导地位逐步凸显。铁路货运量在综合运输体系占比由2012年、2017年的25.5%、35.2%增长为2021年的37.3%;铁路货物周转量由2012年、2017年的40.9%、46.9%增长为2021年的54.6%,两项指标分别高于全国平均水平26.4和22.1个百分点,在综合运输体系占比连续三年超过50%。二是货运能耗明显下降。

2021年全区货物运输能耗较2017年、2012年分别减少约140万t标准煤和360万t标准煤,降低约27%和39%。三是运输装备绿色转型成效显著。2021年全区铁路电气化率达到45%,较2015年提高23个百分点。2012年以来,全区公路货运清洁能源和新能源车辆实现从无到有、占比稳步提升,截至2021年底达到2.4万辆,占比较2017年提高了12.4个百分点。四是新旧业态实现融合发展。货物运输从传统线下组织模式转变为"互联网+"新模式,2021年全区个体货运业户较2017年、2012年分别减少34%、38.7%从最初的5家无车承运人发展到目前的106家网络货运企业。在车辆整合、效率提升方面均成效显著,货物运输运费降幅为1.5%~4%,有效降低空驶率3.5%左右。

3) 运输结构调整存在的问题

虽然内蒙古自治区运输结构调整取得了一些工作成效,但是对标新发展理念,按照高质量发展要求,还存在一定问题。

一是多种运输方式之间协调不畅。近年来,自治区铁路、公路、民航建设都取得较快发展,但管理体制多元,效益不连通,各种路网间衔接不畅,综合管理、协调难度大。各运输系统间缺乏有机协调,运输网络和通道布局缺乏统筹,综合交通枢纽设施布局规划不合理,运输管理制度和运营等方面还需要进一步加强对接。公路、铁路、民航、港口虽然都建立了各自的信息系统,但还没有形成能够贯通不同运输方式的一站式、多式联运电子化服务的能力,各种运输方式的信息化融合滞后。

二是铁路专用线建设不足。目前,自治区煤矿、电厂、大型企业、主要工业园区专用线接入不完善,尚未达到150万t以上工矿企业铁路专用线接入比例达80%的要求。既有铁路货运设施布局难以满足自治区产业结构转型升级要求,虽然加快推动建设了一批铁路专用线项目,但与大型企业、物流园区分布情况相比,基础设施建设水平仍显不足。已建成铁路专用线,应用情况参差不齐,整体利用效果还不够好。部分既有及在建煤矿、工矿企业配套专用线由于土地、资金、运输成本、货物送达便捷性、服务质量、建设主体变更等问题,建设积极性不强,专用线建设缓慢。

三是大宗货物"公转铁"比例不高。铁路运输时效性较差。由于铁路运输牵涉编组、到站装卸、公路短驳等环节,门到门运输时间较长,因此,在使用铁路运输与全程公路运输费用基本持平情况下,企业为降低库存和供应链成本,更倾向于全程公路运输。铁路运输价格不具优势。铁路货运收费包括运距收费和铁路运输企业向用户提供货物装卸短驳等货运辅助作业收取的杂费、服务费等,因此,铁路运价往往高于公路运价,企业在成本控制和经济效益的影响下,多选择全程公路运输,所以内蒙古自治区"公转铁"一直未有实质进展。

5.1.3 典型省(区、市)运输结构调整效果分析

交通运输领域碳排放核算方法分为基于燃料消耗的核算方法和基于运输装备活动水平的核算方法。对于铁路运输,采用"自上而下"方法通过行业能源消耗对其碳排放进行测算,如式(3-1)所示;对于公路运输,采用基于活动水平和排放因子的"自下而上"的方法,兼顾社会经济、能源结构、技术水平进行测算,如式(3-2)所示。内蒙古自治区碳排放测算基础数据包括车辆保有量、不同运输方式客货运量及旅客、货物周转量,如前文3.2.1节、3.2.2节所言。

研究基于内蒙古自治区运输结构调整措施实施力度,初步预测了调整结构前后带来的运输量的变化,具体如图5-1所示。运输结构调整后,2025年从公路转移到铁路的货物周转量有109亿t·km;2030年从公路转移到铁路的货物周转量有242亿t·km;2035年从公路转移到铁路的货运周转量有270亿t·km。运输结构调整后,2025年从公路减少的重型货车有1.2万辆;2030年从公路减少的重型货车有2.8万辆;2035年从公路减少的重型货车有3.1万辆。

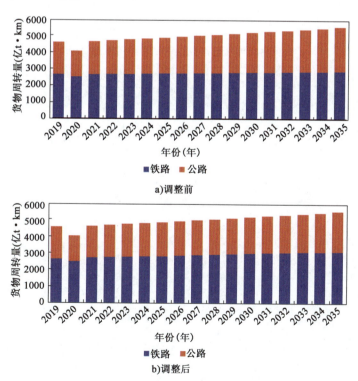

图5-1 内蒙古自治区运输结构调整效果

5.2 典型省(区、市)运输结构优化调整减排成本效益分析

交通运输结构调整是有效的节能减排手段,通过把排放从货运转移至集中高效的铁路和水路运输,实现整个交通运输行业的碳减排。与此同时,交通运输结构的调整和发展方式的转变也成为当前降低大气污染的一个重要措施。合理地评估交通运输结构调整的成本效益,有助于系统分析交通运输结构调整的实施成本和环境效益,为提出未来的交通运输结构调整重点任务提供科学借鉴。

5.2.1 运输结构调整单位成本

内蒙古自治区运输结构调整碳减排成本应重点从铁路专用线建设成本考虑,通过对不同运距条件下铁路专用线建设投入成本,计算出单位长度铁路的建设成本。公路货运成本被认为是货车购置成本。用新建铁路的成本减去公路的成本,则为运输结构调整的总成本。

通过实地调研及函调,收集到部分已建成工矿企业、物流园区的铁路专用线建设成本资料,详见表5-1。

内蒙古自治区已建成铁路专用线建设投资表　　　表5-1

地区	所属铁路局	企业名称	专用线名称	线路里程(km)	投资额(亿元)	设计能力(万t/年)
乌海	呼铁局	乌海北物流园	乌海北货场改造专用线	7.05	4.3	近期:发送1135,达到542;远期:发送1290,达到813
鄂尔多斯	呼铁局	东兴煤业中北物流集运有限公司	罕台川集运站专用线	11.6	10.8	800
鄂尔多斯	呼铁局	内蒙古呼铁银宏物流有限公司	泊江海子煤矿专用线	37.0	9.0	500
鄂尔多斯	呼铁局	鄂尔多斯市金诚泰聚丰物流有限责任公司	察汗淖铁路专用线	9.2	0.6	1000
鄂尔多斯	太原局	内蒙古珠江投资有限公司	青春塔煤矿铁路专用线	32.4	22.5	近期1320,远期2800
鄂尔多斯	呼铁局	内蒙古晋煤物流有限公司	晋煤点石沟铁路专用线	3.7	3.8	近期600

续上表

地区	所属铁路局	企业名称	专用线名称	线路里程（km）	投资额（亿元）	设计能力（万 t/年）
鄂尔多斯	神华	鄂尔多斯市联发物流有限公司	四道柳铁路专用线	4.6	3.4	近期 500，远期 1000
	神华	内蒙古瑞鸿清洁能源有限公司	龙王渠煤炭集运站专用线	5.1	1.2	1000
	三新铁路公司	山东能源内蒙古盛鲁电力有限公司	山东能源内蒙古盛鲁电厂运煤铁路专用线	4.8	1.3	580
锡林郭勒	沈阳铁路局	沈阳铁道煤炭集团有限公司	白音华东至赛音温都日铁路	11.53	1.88	1180
	沈阳铁路局	华润电力（锡林郭勒）有限公司	华润电力专用线	8.6	3.3	1000
兴安盟	沈阳铁路局	兴安盟经济技术开发区管委会	乌兰浩特经济技术开发区铁路项目	19.3	6.13	310
赤峰	沈阳铁路局	赤峰高新技术产业开发区基础设施投资有限公司	赤峰经济开发区马林有色金属产业园铁路专用线	9.189	4.2	初期 618，近期 708，远期 1126
呼伦贝尔	哈尔滨铁路局	呼伦贝尔东北阜丰生物科技有限公司	呼伦贝尔东北阜丰生物科技有限公司铁路专用线	4.411	2.29	近期发送 99.5，远期发送为 131；近期到达 440，远期到达 595

注：呼铁局指中国铁路呼和浩特局集团有限公司，太原局指中国铁路太原局集团有限公司，神华指神华集团有限公司，三新铁路公司指内蒙古三新铁路有限责任公司，西安局指中国铁路西安局集团有限公司，沈阳铁路局指中国铁路沈阳局集团有限公司，哈尔滨铁路局指中国铁路哈尔滨局集团有限公司。

通过计算可知，内蒙古自治区已建成铁路专用线每条平均长度约为 5.2km，按照设计能力近期和远期有所差别，计算单位周转量的建设成本近期为 7 元/(t·km)，远期为 6 元/(t·km)。以煤炭运输为例，相同运距铁路和公路运价数据见表 5-2。

铁路专用线与公路运价比较 表 5-2

运距(km)	铁路运价(元/t)	公路运价(元/t)
8~130	15~66	8~52
130~240	66~83	52~112
240~390	83~107	112~160
390~1100	107~243	160~310

从表 5-2 中数据可以看出,当煤炭运距达 240km 以上时,公路运价已明显高于铁路运价,铁路运输具有明显优势。根据内蒙古煤炭交易市场门户网站发布的最新煤炭公路运价行情,以 240km 运距为核算节点,煤炭铁路运价为每吨 83 元,煤炭公路运价为每吨 112 元,在此运距下采用铁路运输煤炭,每吨可节省 29 元。若某煤炭企业按年发运量 500 万 t 计,且在运距均达到 240km 的情况下,采用铁路专用线运输每年可至少节省运费 1.45 亿元,粗略估计用此节省资金 9 年时间就可建成一条 5.2km 长的铁路专用线。

下面进行主要产煤用煤地区铁路专用线建设经济效益分析。内蒙古自治区公路煤炭年货运量均在 2 亿 t 以上(不含各盟市内部短途),其中 90% 的煤炭公路运量位于蒙西鄂尔多斯地区,因此,在该地区大力推进"公转铁"等运输结构调整相关工作,对于落实好自治区交通运输领域绿色低碳发展相关部署具有重要意义。从目前掌握的情况看来,鄂尔多斯出市公路货运量在 1.8 亿 t 左右,其中一半左右供应蒙西地区,其中尤以包头地区为主。包头作为传统的重工业城市,分布有大量的电力、工矿及机械制造工业企业,煤炭消耗量巨大,但多数工业企业使用的煤炭来自鄂尔多斯地区,距离较短煤炭铁路运输"短倒"费用高,采用铁路运输费用远高于公路运输,因此,该地区的工业企业铁路专用线建设意愿较低,采用"散改集"新能源重型货车替代传统燃油车运输煤炭反而逐渐成为该地区运输结构调整的新方向。目前该种方式已实现部分运营,并已经展现出强大的市场潜力,经济效益、环保效益及减碳效益显著。

5.2.2 典型省(区、市)运输结构调整总成本

(1)铁路成本。根据内蒙古自治区铁路专用线计算的铁路单价,即近期为 7 元/(t·km),远期为 6 元/(t·km),结合内蒙古自治区运输结构调整的工作力度,即近期和远期分别转移货物周转量 109 亿(t·km)和 270 亿(t·km),估算内蒙古自治区开展运输结构调整带来的铁路增加成本为:近期("十五五"前)762 亿元;远("十五五"后)期

1618 亿元。

（2）公路成本。根据重型货车单价（按照 35 万元/辆估算），结合运输结构调整带来的公路货车减少量，即近期转移 1.2 万辆货车，远期转移 3.1 万辆货车，估算公路减少成本为近期（"十五五"前）42 亿元；远期（"十五五"后）108.5 亿元。

（3）运输结构调整碳减排成本。分别测算铁路增加的成本和公路减少的成本，相减得到运输结构调整带来的总成本为：近期（"十五五"前）720 亿元；远期（"十五五"后）1510 亿元。

综上所述，结合关键目标年的运输结构调整带来的碳排放，即近期和远期分别减少碳排放 52 万 t 和 113 万 t，计算内蒙古自治区运输结构调整碳减排的成本为：近期（"十五五"前）13.8 万元/t；远期（"十五五"后）13.4 万元/t。

5.2.3 典型省（区、市）运输结构调整针对性对策

通过分析内蒙古自治区运输结构调整工作存在的问题，重点从加快铁路专用线建设、提高铁路货运量占比、加快发展以铁路为骨干的多式联运三个方面推进工作。

（1）加快铁路专用线建设。加快钢铁、煤炭、电力等年货运量 150 万 t 以上矿区、工业企业和物流园区铁路专用线规划建设，推进包头市大宗矿产品 B 型保税区物流园铁路专用线、龙王沟矿井铁路专用线等 16 个项目建设，到 2025 年，大宗货物年运输量 150 万 t 以上矿区、工业企业和物流园区铁路专用线接入及覆盖比例力争达到 85%。

（2）提高铁路货运量占比。在货运价格调整权限范围内，根据公铁运输费用比价关系，实行更加灵活的铁路货运价格，提高铁路货运市场份额。到 2025 年，铁路货物周转量占全区货物周转量的比例达到 58%，鄂尔多斯市、乌海市等煤炭主产区大型工矿企业中长距离运输（运距 500km 以上）的煤炭和焦炭中，铁路运输比例力争达到 83%。

（3）加快发展以铁路为骨干的多式联运。加快铁路物流基地、铁路集装箱办理站、航空转运中心、快递物流园区等多式联运枢纽规划建设和升级改造，推进蒙西煤炭外运公铁联运项目、通辽多式联运海关监管中心、二连浩特铁路口岸场站及集装箱堆场扩建项目等物流园区建设。发展驮背运输、甩挂运输、集装箱运输等运输方式，创新无人运输跨境通关模式，积极推进多式联运"一单制"，推动多式联运提质增效。利用北斗卫星系统推进全程运输可监测、可追溯，到 2025 年，基本实现北斗系统对重点营运车辆的全覆盖。

5.3 运输结构优化调整策略建议

（1）持续提升运输工具能源利用效率。加快淘汰老旧车辆，提高车辆能效水平。严格落实机动车排放检验制度，强化国三及以下柴油货车属地检测监管，倒逼老旧车辆淘汰。提升民航能源利用效率。配合优化动力、航线航班、飞行操纵和减重配载技术等，提高航空运输效率和机场运行效率。

（2）构建低碳高效客运服务体系。推动公路、铁路、航空、城市轨道、公共交通等交通方式与综合交通枢纽高效衔接。优化客运组织，引导客运企业规模化、集约化经营，开展"一站式"联程运输服务，逐步实现客运换乘"零距离"。

（3）加快城乡物流配送体系建设。探索应用无人车、无人机等智慧物流新模式，提升配送集约化水平。加快城市绿色货运配送示范工程建设，优化城市配送车辆通行管理，鼓励生产制造企业、商贸物流企业和货运配送企业发展多种形式的集中配送、共同配送、夜间配送。加快完善县、乡镇、村三级农村物流网络节点体系建设，支持农村物流企业与客货运站联合共建站点，打通农村牧区物流"最后一公里"，促进交通运输与邮政快递、商贸供销等资源整合，发展新型农村物流模式。

（4）优化调整运输结构，做好"公转铁""公转水"的工作，减少大型货车的运输量，在强化综合运输一体化的体制机制基础上，基于智能手段大力发展多式联运。

提高铁路、水路基础设施的通达性、便利性，全面加快集疏港铁路项目建设进度，完善港区集疏港铁路与干线铁路及码头堆场的衔接，加快港区铁路装卸场站及配套设施建设。突破部门界限，发挥市场作用，深入推进多式联运发展，建立高效的"陆-港-水"综合调度体系。加快铁路物流基地、铁路集装箱办理站、港口物流枢纽、航空转运中心、快递物流园区等的规划建设和升级改造，开展多式联运枢纽建设。实行多式联运"一单制"，推进标准规则衔接，加快应用集装箱多式联运电子化统一单证。推动"铁-水""公-铁""公-水""空-陆"等联运发展，加快培育一批具有全球影响力的多式联运龙头企业。

全面提高工矿企业的绿色运输比例。加快煤炭、钢铁、电解铝、电力、焦化、汽车制造、水泥、建材等大型工矿企业的铁路专用线建设；新建及迁建大型工矿企业，应同步规划建设铁路专用线、专用码头、封闭式皮带廊道等基础设施。鼓励和限制等多种手段并举，全面提高大宗货物铁路、水路、封闭式皮带廊道、新能源与清洁能源汽车的绿色运输比例。建议研究出台"公转铁"财政补贴和铁路运价优惠政策、铁路专用线建设资金补贴及贷款优惠政策、铁路和水路货运规范收费政策,制定绿色运输能力保障制度。

（5）居民出行结构调整。不同出行方式以及相同交通方式不同运行状态下的单位距离碳排放强度不同,由高到低依次为小汽车、出租汽车、公共交通、自行车、步行。因此,居民整体出行方式结构决定了城市交通碳排放量的高低。以交通与土地使用深度融合的TOD(Transit Oriented Development,以公共交通为导向的城市发展)开发为基础,构建轨道交通、路面公交等多层次低碳集约的公共交通体系,减少小汽车、出租汽车等高碳出行方式,大力倡导绿色低碳出行,把出行更多转到公共交通、轨道交通和步行与自行车出行上来。全面调整城市的用地结构、交通结构、路权结构,以步行与自行车出行为重点,构建安全、温馨、连续的城市步行与自行车道路系统。

第6章 城市绿色交通体系构建路径研究

6.1 城市交通绿色出行研究

6.1.1 国内外城市绿色出行政策经验

1) 国外城市低碳交通和绿色出行政策经验

城市交通的节能低碳发展很早就受到欧美等发达国家的重视,在城市交通的治理问题上,成功的经验是需采用"疏堵结合"的方式。"疏"是分散中心城区的功能,疏解中心城区的人口压力,建立卫星城或多中心大区,同时提高公共交通服务水平和运输能力,在中心城区建立高效、便捷的公交体系,引导人们更多使用公共交通出行。"堵"是通过财税手段限制高排放的个体交通工具的购买、使用、通行等,以引导人们更多地采用绿色出行方式。

国际上普遍认同的城市交通低碳发展途径有:AVOID(避免)、SHIFT(转移)和 IMPROVE(改善)。AVOID(避免),是指通过分移城市中心、调整土地利用结构、实行远程办公等方式,避免不必要交通量的产生,从根本上减少交通出行量,从而减少对环境的负担。SHIFT(转移),是指将高碳排交通工具承担的客运、货运量转移到低碳排交通工具上,比如减少小汽车出行并提高公共交通分担率。IMPROVE(改善),是指改善原有交通工具的技术水平,减少单位行驶里程的二氧化碳排放强度。

(1) 伦敦低排放控制区。伦敦率先设立低排放区和超低排放区,制定了差异化的收费政策。最早在 2008 年设立了低排放控制区,限行车辆主要包括生产年代久远的柴油车、空载敞篷货车等。不满足准入标准的车辆需支付一定通行费用。2017 年,要求对经过市中心并排放大量尾气的车辆进行额外收费。2019 年设立了超低排放区,对尾气排放不合格车辆征收费用,每天每辆货车 12.5 英镑(约 109 元人民币)、大型客车 100 英镑(约 876 元人民币)。预计每天约 4 万辆机动车在进入伦敦市中心后,除了要缴纳拥堵费以外,还要缴纳一笔排放费。2021年,伦敦市进一步扩大范围,将"超低排放区"由北向南扩大到整个城市。

(2)东京一体化公共交通系统。东京公共交通系统由JR线、JR山手线、私营铁路、有轨电车线、独轨铁路、地铁及公共汽电车等多种模式组成发达的公共交通网线。大容量、高运速的轨道交通非常发达,建构了地面道路、地上高架路、市区地下铁道、市郊快速有轨电车相结合形成的立体交通网,密如蛛网。大量的人流通过地铁线路快捷地进入中心城区各个区域的工作场所。

①灵活高效的地面公共汽电车网络。地面公共汽电车网络作为轨道交通线网系统的补充,沿城市道路呈网络状分布,其站点的设计充分考虑大型的居民社区的出行需求,与轨道交通站点、城市交通枢纽、对外交通枢纽衔接紧密,以提高公共交通的覆盖率,解决离轨道交通车站较远的市民以及老年人出行问题。东京的地面公共汽电车线路主要开通"区间""短线"线路。线路主要连接了地铁、公园、商场,提供"门对门"的服务。地面公共汽电车在铁路网的"缝隙"之中"穿插运行",作为毛细血管支撑着整个公共交通系统的运行。

②集交通与商业于一体的换乘枢纽。公共交通换乘枢纽是通过合理的用地和交通组织,将轨道交通、公共汽电车、出租汽车、自行车停车和商店布局高效地组织在一起,提高了交通的组织水平,缩短了乘客的换乘时间,促进了周边的物业开发。在改善交通状况的同时,不仅解决了人流换乘问题,还形成了特有的交通枢纽商业群,发挥了城市交通枢纽的综合功能,成为城市不同区域的主要公共活动中心。

(3)美国城市智能交通系统。美国城市主要应用智能交通系统助力低碳城市交通。智能交通系统通过人、车、路的和谐、密切配合提高交通运输效率,缓解交通阻塞,提高路网通过能力,减少交通事故,降低能源消耗,减轻环境污染。智能交通系统主要包括:出行和交通管理系统、公共交通运营系统、商用车辆运营系统、电子收费系统。其中,出行和交通管理系统包括城市道路信号控制、高速公路交通监控、交通事故处理;公共交通运营系统用以提高公共交通的可靠性、安全性及其生产效率;商用车辆运营系统在州际运输管理中自动询问和接受各种交通信息,进行商用车辆的合理调度;电子收费系统主要实现收费自动化,以减少延误,提高道路的通行能力和运行效率。

(4)瑞典斯德哥尔摩生态、绿色、人性化出行体系。瑞典斯德哥尔摩建立了生态、绿色、人性化的交通系统,主要表现在5个方面。多层次的轨道服务包括地铁、有轨电车、郊区通勤铁路,良好地覆盖了城市及周边人口密集地区。畅达的自行车系统主要包括连续的专用自行车道、交叉口拥有较高的优先权、完善的自行车交通标识系统。一体化的客运组织体系主要包括一体化的票制票价服务和完善的同台换乘衔接系统。特色有活力的步行系统主要考虑推婴儿车、自行车等需求的立体的步行网络，购物、游览便利的步行街区。完善的常规公交及轮渡网络建立了个性化公交服务，同时将轮渡网络与公交系统有机整合。

（5）丹麦哥本哈根自行车出行文化。哥本哈根是自行车友好型城市，自行车出行成为城市交通出行的主要方式。《哥本哈根市自行车战略（2011—2025）》设定的目标是使哥本哈根成为世界上最好的自行车城市。哥本哈根非常重视自行车的宣传活动，一方面充分发挥名人效应，政府官员、皇室成员等名人带头骑车出行并亲身参与自行车宣传活动；另一方面，政府采取创新措施宣传自行车出行文化。2008年"I Bike Copenhagen"（意为"我在哥本哈根骑车"，简称"I Bike CPH"）标志成为哥本哈根重要的城市符号，遍布街头巷尾。政府不仅在街道上塑造了统一的视觉符号，还将该标志植入日常生活用品设计，发行了贴纸、T恤、环保袋等周边产品。政府为此专门建立了网上论坛，真正做到了全时、全方位地向市民宣传哥本哈根"自行车之城"的理念。另外，上线了手机App"I Bike CPH"，App能为骑行者提供天气预报、路程规划、卡路里测算及各种物质或非物质奖励，提升骑行的乐趣和忠诚度。

此外，哥本哈根致力于塑造骑车乐趣，以此提高公众的参与度和骑行的忠诚度。如：在自行车道旁安装"自行车计数器"，它能够自动识别经过的自行车并显示每日和每年的自行车通过数量，不仅为政府提供了实时数据，更增强了市民骑车参与感和趣味性。同时，对各类人群开展教育培训工作，有效激发公众参与，如："自行车大使"每年进社区为居民示范安全骑车，针对自行车使用特点及需求，设计专门培训活动和内容；学校对学生定期开展骑车教育和考核，举办安全文明骑自行车大赛。

哥本哈根自行车道及宣传标语如图6-1所示。

2）国内城市低碳交通和绿色出行典型经验

我国典型低碳交通城市在推动绿色出行方面的做法包括：构建以高速铁路、城际轨道等为骨干、公共交通为主体的城际客运交通系统；在城市内部推进城市公交、地铁、自行车等公共交通方式一体化发展，打造一流公共交通出行服务，提高智能化水平，提高绿色交通分担率；开展省级公交优先示范城市创建，优化调整城市公交线网和站点布局，鼓励定制公交、社区公交等多种服务模式与传统服务方式形成互补；共享经济发展新模式在网络预约出租汽车、汽车分时租赁、互联网租赁自行车等出行服务领域开展试点示范；开展绿色出行主题宣传活动和科普教育；推进将公共交通、绿色出行优先纳入工会会员普惠制服务；加强绿色出行积分交易机制和碳普惠制度，鼓励乘坐公共交通等。

图 6-1　哥本哈根自行车道及宣传标语

6.1.2　典型省（区、市）绿色出行问卷调查

1）问卷调查概况

为深入探究内蒙古自治区居民绿色出行行为，本小节针对居民出行偏好和动机、出行环境条件、绿色出行意愿、绿色出行建议及个人特征设计了绿色出行调查问卷。通过网络调查、现场拦截方式进行问卷调查。为避免内蒙古自治区冬季气候因素造成的调研结果偏差，于春夏季进行了补充调研。

本次问卷调查，首先在线下发放 100 份问卷，进行小规模的测试，多次进行内部测试，反复核对问卷内容和逻辑性。正式的调查问卷一部分在 91 调研用户数据库，通过微信、QQ、网页等方式进行推送；少部分在各城市主城区进行线下拦截访问填写，共发放 6918 份调查问卷。回收后，对调查问卷进行清理和剔除。剔除的无效问卷包括：信息不全的问卷、回答明显超出客观值的问卷、前后问题回答矛盾的问卷等。第一批冬季回收有效问卷共计 5694 份，第二批夏季回收有效问卷共计 4310 份，调研样本量分布及数量情况见表 6-1。

问卷调查样本收集情况表   表6-1

区 域	有效样本量(份)	调 研 时 间
第一批(冬季)		
呼和浩特市	1005	2021年11月30日—12月6日
包头市	1100	2021年11月30日—12月6日
呼伦贝尔市	717	2022年1月7日—1月15日
赤峰市	718	2022年1月7日—1月15日
通辽市	711	2022年1月9日—1月15日
乌海市	725	2022年1月9日—1月15日
鄂尔多斯市	718	2022年1月11日—1月15日
第二批(夏季)		
呼和浩特市	619	2021年7月30日—12月6日
包头市	600	2021年7月30日—12月6日
呼伦贝尔市	607	2022年7月7日—1月15日
赤峰市	619	2022年7月7日—1月15日
通辽市	625	2022年7月9日—1月15日
乌海市	620	2022年7月9日—1月15日
鄂尔多斯市	620	2022年7月11日—1月15日

2)测度指标

调查问卷共包括45道选择题和1道主观问答题。受访者根据实际情况回答,可能跳过部分问题。问卷主要询问了居民日常出行方式的选择偏好和动机、出行环境条件、绿色出行意愿、绿色出行建议及个人基本信息。问卷调查测量指标包括以下几个方面:

(1)出行偏好和动机:出行目的、出行方式、使用原因;

(2)出行环境条件:距公交站点距离、步行环境、自行车出行环境、公交车出行环境、公共交通出行满意度;

(3)绿色出行意愿:出行频次、选择绿色出行频次、对绿色出行的想法、响应"绿色出行"方式、选择绿色出行条件;

(4)绿色出行建议:公共政策重要性、绿色出行助力措施、公共交通提升方向、绿色出行宣传存在问题;

(5)人口社会学特征:性别、职业、年龄、收入、家庭年均收入、教育背景、家庭类型;

(6)对目前城市绿色出行的改进建议。

3)结果分析

(1)居民出行行为。

从居民日常出行的主要目的来看,上下班、上下学的通勤出行是冬季内蒙古自治区各个城市居民日常最普遍的出行目的,如图6-2所示,选择概率远高于其他出行方式。而夏季居民日常出行目的以访友、社交活动和上下班、上下学的通勤出行和公务出行为主,出行目的相较冬季更加多元,如图6-3所示。

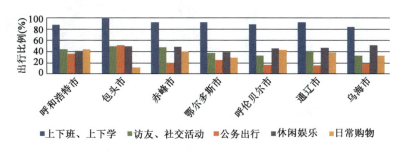

图6-2　内蒙古自治区各城市受访者冬季日常出行主要目的

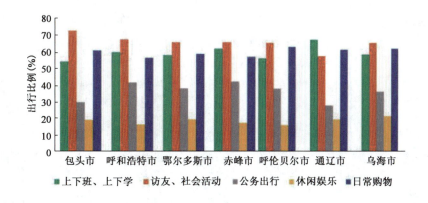

图6-3　内蒙古自治区各城市受访者夏季日常出行主要目的

从通勤的交通运输方式选择来看,如图6-4所示,冬季除乌海市外,其他受访城市居民选择包括步行、公交车、自行车、轨道出行等绿色出行方式作为通勤工具的占比均超过60%。

呼和浩特市和通辽市选择公交车通勤的占比较高分别达到29.3%和30.4%。包头市居民则更倾向于选择步行通勤,占比达到16.8%,高于其他城市。赤峰市和鄂尔多斯市居民选择自行车出行的比例较高,分别达到30.4%和27.3%。目前内蒙古自治区仅呼和浩特市开通了城市轨道交通,该市受访者选择轨道交通作为主要通勤工具的占比已接近10%。鄂尔多斯市受访者选择私家车出行的比例最高,到达33.5%,呼和浩特和赤峰市受访者选择私家车出行的占比也超过了 25%。乌海市受访者选择出租汽车（巡游＋网约）通勤的占比较高达到 30.2%。

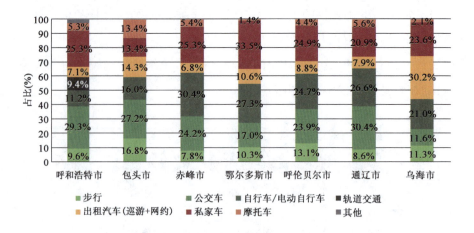

图 6-4　受访者冬季通勤最常选择的出行方式

如图 6-5 所示，夏季从通勤的交通运输方式选择来看，各城市居民选择公交、地铁、步行、自行车/电动自行车的比例普遍要高于冬季。尤其是在自行车/电动自行车的选择上，可以看出在夏季天气条件好的情况下，居民更倾向于选择骑行出行。

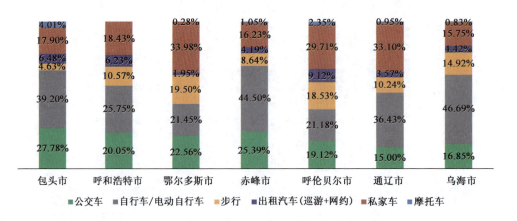

图 6-5　受访者夏季通勤最常选择的出行方式

如图 6-6 所示，在通勤出行方式的选择原因方面，冬季和夏季的差异不大，方便快捷和价格实惠是居民出行考虑的最主要的原因。包头市受访者考虑最多的是价格是否实惠，占比为 27.82%，其他各市受访者考虑最多的是通勤方式是否方便快捷。呼伦贝尔市受访者相比其他城市还会多考虑出行的同时可以锻炼身体，占比为 28.5%。

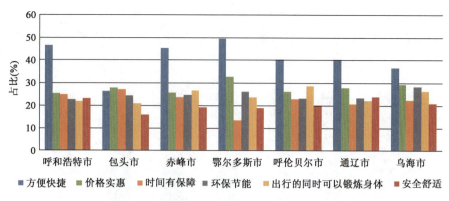

图6-6 受访者通勤选择出行方式考虑的主要原因

如图6-7所示,从通勤出行时间方面来看,各市受访者每天通勤时间主要集中于10～30min。包头市和呼和浩特市受访者通勤时间超过60min的占比高于其他城市。此外包头市通勤时间少于10min的占比较高,结合通勤方式来看,主要是由于包头居民步行通勤的占比较高,步行通勤时间较短。

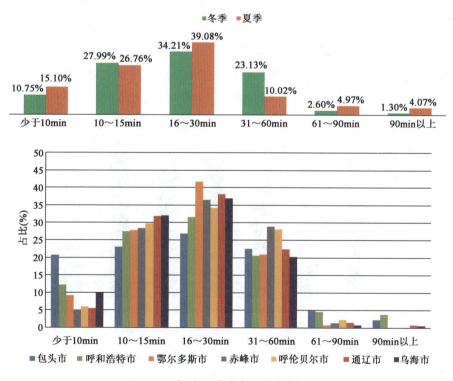

图6-7 各城市受访者通勤出行时间

(2)私家车拥有情况。

如图6-8所示,呼和浩特市、包头市和乌海市的受访者拥有私家车的人数占比较大,超过 80% 的受访者都拥有一辆以上的私家车。与之相比，通辽市、呼伦贝尔市和赤峰市受访者本地家庭分别有 49.5%、41.8%、39.7% 的受访者未拥有私家车。这些城市的居民对私家车有更为迫切的潜在需求。

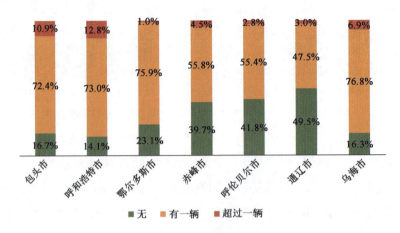

图 6-8　受访者私家车保有情况

通过进一步对私家车拥有者所拥有的车辆燃料类型进行调查发现，各市受访者拥有一辆私家车主要是燃油汽车。如图 6-9 所示，包头市和呼和浩特市燃气汽车占比较高，这两个城市受访者新能源汽车拥有的占比也远高于其他城市。新能源汽车在这两个城市的渗透率较高，对比私家车拥有数量，这两个城市受访者拥有超过一辆私家车的比例也较高，也说明居民在选择购买第二辆车的时候可能会倾向于购买新能源车。

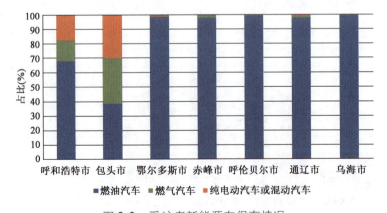

图 6-9　受访者新能源车保有情况

（3）绿色出行环境满意度。

如图 6-10 所示，从对公共出行环境整体满意度来看，鄂尔多斯市、赤峰市、呼伦贝尔市和通辽市的受访者对于当地整体公共出行环境的正向评价较高。呼和浩特和乌海市超过65%的受访者也对当地公共交通给出了正面评价。相比其他城市,包头市受访者对公共交通整体满意度较低,其中对公共交通"较不满意"和"不满意"的评价最多,占比分别为14.73%和14.64%。

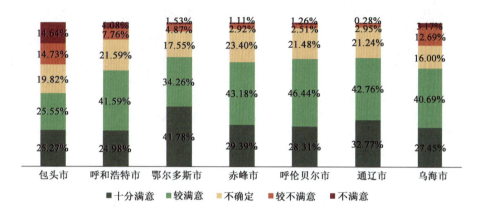

图6-10 公共出行整体环境满意度

如图6-11所示,从冬季和夏季两次调查结果也可以看出,夏季人们对于公交出行的满意度较高,而冬季人们对于公交出行环境有着更高的要求。由于冬季天气环境相对恶劣,人们普遍会觉得车站距离远,更加注重公交的准时性和时效性。

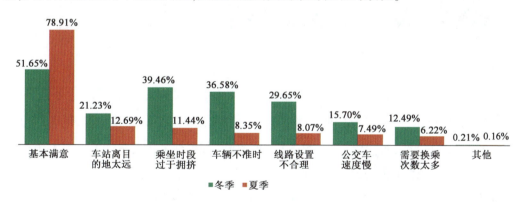

图6-11 冬季与夏季居民对公交出行环境的感知差异

如图6-12所示,对于公交车出行环境不满意的方面,"乘坐时段过于拥挤"是各城市普遍存在的问题,说明目前公交车存在运力不足的情况,无法完全满足居民出行需求。此外,公交车"车辆不准时"和"线路设置不合理"也是受访者普遍不太满意的两个方面。呼和浩特市和包头市受访者提及"车站离目的地太远"和"需要换乘次数太多"的比例高于其他城市,也反映出城市仍需要优化公交车线路,重点解决居民出行"最后一公里"问题。

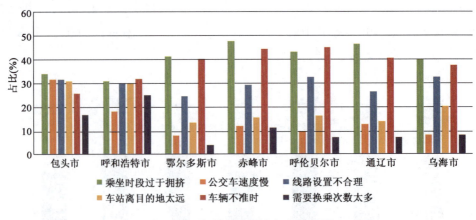

图 6-12 公交出行环境存在的问题

如图 6-13 所示,与公交出行相似,夏季人们对于步行出行的满意度要高于冬季。因此,应该更加注重冬季人们对于步行出行条件的需求。

图 6-13 冬季与夏季居民对步行出行环境的感知差异

如图 6-14 所示,对于步行环境不满意的方面,"步道太窄"和"车辆或其他设施侵占步道"是各城市最普遍的问题。"步道太窄"问题在呼和浩特市尤为突出。包头市受访者对于步道路面条件也存在诸多不满。

同样,夏季人们对于骑行环境的满意度较高要高于冬季(图 6-15)。相较公交和步行,居民对骑行的满意度较高。但在冬季,居民普遍认为共享自行车的供给量不足。

对于骑行环境不满意的方面,自行车道太窄、共享单车供给不足是各个城市受访者普遍不满意的方面(图 6-16)。骑行道路没有与机动车道隔离设施是包头市和呼和浩特市存在的比较明显的问题。相比其他城市,缺少配套的自行车停车区域也是呼和浩特市骑行环境中存在的一大问题。乌海市骑行环境的主要问题集中于共享单车的供给量不足,并缺乏可使用的自行车专用道。

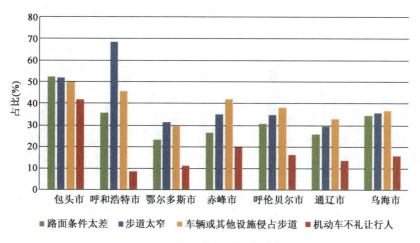

图 6-14　步行出行环境存在问题

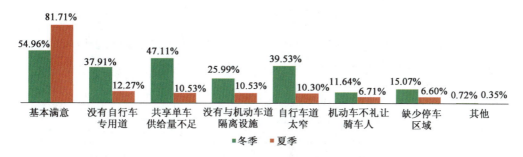

图 6-15　冬季与夏季居民对骑行环境的感知差异

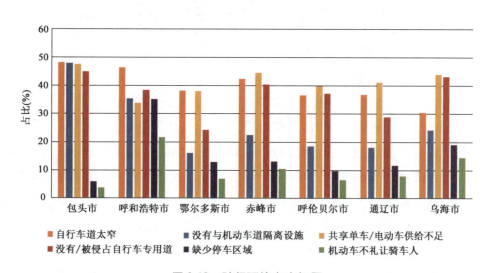

图 6-16　骑行环境存在问题

当问及公共交通可以在哪些方面进一步提升时,鄂尔多斯、赤峰、呼伦贝尔、通辽和乌海市受访者对普及智能站牌的需求十分迫切(图 6-17)。公交车辆不准时是居民出行时担心的一大问题,智能站牌可为居民提供乘车进行站点、车辆到达时间等信息指引,为居民出行提供更多便利,改善居民出行体验。

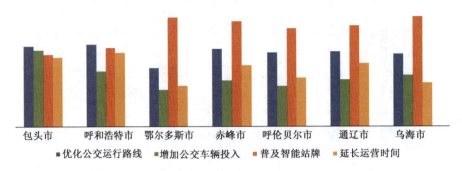

图 6-17　公共交通改进措施

(4)居民绿色出行的意愿。

当问及受访者将如何响应"绿色出行"时,鄂尔多斯、赤峰、呼伦贝尔、通辽和乌海市的受访者愿意多使用高效的公共交通出行,因此,完善城市公共交通对于城市绿色出行的体系化建设尤为重要。多数受访者有意愿多使用自行车出行,并选用拼车的出行方式,以支持绿色出行(图 6-18)。

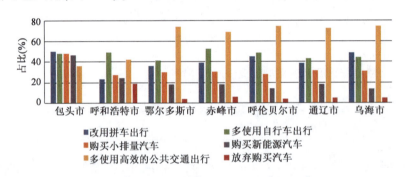

图 6-18　受访者认为有助于推进绿色出行的举措

当问及在什么情况下会减少私家车使用,而优先选择绿色出行时,冬季的受访者认为缩短居住地与公交站点的距离、缩短等候时间、减少换乘是最主要的方式(图 6-19)。而夏季受访者认为适当降低票价、减少换乘和推广智能交通系统更能推动居民选择绿色出行。由于夏季人们选择公共交通出行的频率提升,对于公共交通票价更为敏感,因此,可以在夏季推出一系列的票价优惠活动,同时进一步完善智能交通系统,使居民掌握更准确、及时的出行服务信息,引导人们选择公共交通出行。

对受访者的调查结果显示,超过一半的受访者都愿意身体力行地参与到绿色出行的行动中(图 6-20)。赤峰市愿意参与绿色出行行动的受访者占比最高,包头市居民对绿色出行表示"很支持,并且身体力行"的占比 32.36%;但仍有一定比例的受访者表示认为绿色出行是空谈,对绿色出行没有概念,有待于强化对绿色出行的认识。对比之下,包头市、呼和浩特市、乌海市三个私家车保有量较高的城市对绿色出行的参与度较低,仍需要进一步加以引导,加强受访者对绿色出行的认识,调动其参与绿色出行的积极性。

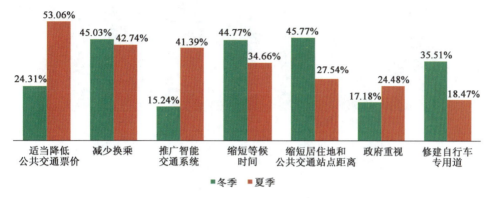

图 6-19　冬季与夏季提升绿色出行的举措差异

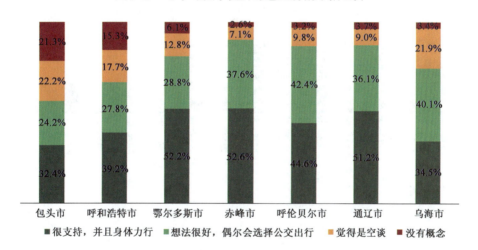

图 6-20　受访者对绿色出行的参与意愿

(5) 受访者对城市绿色出行的意见和建议。

公共宣传带来信息干预在很大程度上影响着出行者的出行选择。如图 6-21 所示,呼和浩特市受访者对于绿色出行宣传活动满意度较高,近 40% 的受访者认为宣传很好,不存在问题。鄂尔多斯市、通辽市和呼伦贝尔市的受访者认为目前绿色出行方面的宣传力度仍不够。参与性、互动性不强也是各城市受访者认为政府在绿色出行宣传方面存在问题的主要原因。

如图 6-22 所示,鄂尔多斯市和赤峰市受访者认为合理布局公共交通体系是助力绿色最重要的举措。包头市受访者选择最多的是"鼓励人们购买环保型出行工具",占比 33.82%;其次是"及时治理车辆乱放等行为",占比 32.91%。呼伦贝尔市受访者对"加强城市慢行系统建设"的选择相比其他城市最多,占比为51.05%。乌海市受访者对"鼓励人们购买环保型出行工具"选择相比其他城市最多,占比为48.83%。

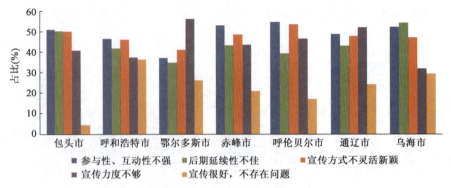

图6-21 政府在绿色出行的宣传方面存在的问题

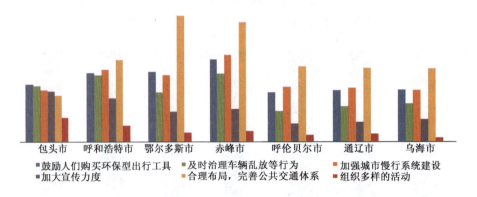

图6-22 助力推进绿色出行的举措

如图6-23所示,各城市中超过55%的受访者都普遍认为政府政策在公共交通发展中的作用是重要的。包头市约30%的受访者认为政府政策在公共交通发展中的重要性较低。政府需要进一步发挥作用,设计出台绿色交通优惠补贴政策,完善配套设施建设,激发个人转向绿色交通。

此外,不少受访者在调研最后留下了对城市绿色出行的建议,见表6-2。可以总结为:

(1)公共交通:合理规划交通路网,开辟公交专用道,提升公交运行效率,优化站点设置覆盖偏远地区,增加优惠政策,完善智能站牌,科学规划轨道交通。

(2)步行、骑行:完善步道和自行车道路网,拓宽道路,改善步道和自行车侵占现象,增大共享单车投放量。

(3)小汽车出行:推广新能源车辆使用,完善充电基础设施,给于新能源车购置优惠,鼓励拼车出行。

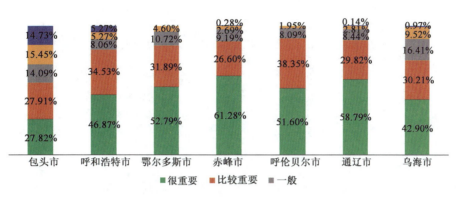

图 6-23　受访者对政府政策在公共交通发挥作用的认知

（4）宣传引导：举办绿色出行宣传活动或讲座，拓宽宣传渠道，加强学校对学生的宣传，建立积分制度鼓励绿色出行。

部分受访者对于绿色出行的建议　　　　　　　　　　　　　　　　表 6-2

序号	建　　议
1	可以在适当范围内出台一些激励措施，如设定上下班高峰时间部分乘坐公交人员由政府、单位给予补助，提高地铁、公交优惠力度等
2	加大新能源车辆的推广使用，对新能源、小排量汽车给予购置优惠，配套齐全公共交通服务设施，引导出行者优先选择公共交通工具
3	改善自行车出行道路环境和停车、存放环境，重视防盗
4	按照城区功能定位科学规划道路交通网络
5	可以建立绿色档案积分制，领取小礼品，鼓励绿色出行
6	通过发展城内轨道交通、开辟公交专用道等措施鼓励市民绿色出行
7	推出绿色出行积分卡，对于出行选择轨道交通、拼车出行的受访者予以积分鼓励
8	通过网络、短视频等形式加大绿色出行宣传力度
9	增加对新能源汽车充电桩的规划
10	管控路线，减少拥堵
11	多投放共享单车，增加公共自行车停放点
12	增加道路宽度，建设适合步行和骑行的道路
13	对于偏远小区多设立公交车站点
14	加强宣传，让孩子从小有绿色出行的概念，倡导全社会各阶层逐步有绿色出行的意识
15	发表绿色出行相关的文章、标语或举办绿色出行相关的讲座、活动

续上表

序号	建议
16	解决公交车等候时间过长和不确定问题
17	通过科技智能手段做到了解公交车辆的位置,以便预知判断到达时间
18	缩短小区到公交站步行距离,优化公交线路,减少等候时间
19	让乘坐公交的人群感受到出行的便利与快捷
20	共享单车通用
21	加大公交车辆数量投入,延长运营时间,合理设置公交线路;加密地铁线路;降低共享单车收费,严厉打击共享平台随意涨价行为
22	政府引导发展公共自行车租赁业,鼓励市民骑自行车出行
23	完善公共出行系统,建设让人感觉舒适的步行、骑行道路
24	公交提速、增加站点、加强引导、增加优惠政策

6.1.3 典型城市绿色出行现存问题分析

结合内蒙古自治区城市现状分析以及典型城市问卷调查结果,本研究进一步识别出目前城市绿色出行存在的主要问题。

(1)城市公共交通优先发展缺乏政策保障。公共交通发展单一化、指标化、任务化;服务水平与质量有待提高,居民选择公交出行的吸引力不足。公交出行分担率普遍不高,在缓解交通拥堵、提高绿色出行等方面没有发挥其有效作用,公交出行的主体地位有待进一步提升。城市公共交通财政补贴、补偿机制不完善,政府购买城市公共交通服务机制尚未有效建成。多个盟市未编制城市公共交通发展规划,财政投入低于一般预算收入的2%,改善服务动力不足。

(2)城市公共交通基础设施建设仍需完善。全区公交场站枢纽总体存在上总量不足、发展规划滞后、用地保障不足、空间布局不合理等问题。公交场站枢纽与城市功能区的布局不匹配,中心城区场站不足,多个城市存在临时租借场站、场站建设选址不合理等问题,影响公共交通的可持续发展,且造成空驶里程过长,增加运营成本。部分城市公交车专用道设置不足,专用道布局与客流走廊不匹配,且监管力度不够,社会车辆占用情况多,公交路权难以保障,公共汽电车运营速度低。

(3)城市公共交通智能化信息化水平有待提升。城市交通基础设施数字化水平较低,信息资源共享开放程度不高。全区大部分公共交通客运信息管理系统、智能调度中心等设施设备有待进一步升级。部分城市尚未建设公共交通智能调度系统,无法在基础数据、决策支持等方面发挥数据支撑与智能监控的作用,制约了公共交通系统的智能化水平与整体运营效率。城市公交智能化建设整体相对滞后。城市公交无法在基础数据、业务环节、监督管理、决策支持等方面发挥作用,影响城市公交智能化系统应用水平和运营效率。基于"互联网+交通"的智能化信息技术在城市公共交通领域的应用不够,数据共享和大数据技术未能有效分析居民出行规律、线路运行特征、场站客流规模等,不能有效支撑公共交通的线网布局、设施建设、交通管理决策等。

(4)人行步道及非机动车道建设尚不完善。城区人行步道被机动车停车、公共服务设施侵占等现象普遍。部分道路拓宽,挤占非机动车及步行空间。行人过街设施分布不均匀,部分人行步道不连续。部分次要道路缺乏机非隔离设施,非机动车道缺乏明确的通行路权。内蒙古自治区近年来交通投资重点仍集中在道路系统建设,步行、自行车、公共交通等绿色交通系统建设相对滞后。传统依靠道路建设的"以车为本"交通发展模式已经难以适应城市交通发展的需要,需要加快推动步行、自行车、公共交通等绿色交通系统建设,为市民提供高品质、高效率的绿色交通服务,从而降低人们对于小汽车交通的依赖。

(5)绿色出行宣传力度有待加强。绿色出行意识需要长期的引导和培养。培育绿色出行文化是将"被强迫的绿色出行行为"转变为"主动的、潜意识的、自发的绿色出行行为",逐步建立交通参与者的绿色出行行为习惯,让绿色文化真正融入市民生活。社会公众对于小汽车出行优于绿色出行的价值观导向仍较为普遍,绿色出行理念尚未深入人心。缺乏参与度高的绿色出行特色活动、延续性强的宣传措施以及创新性强的激励机制,激发居民绿色出行意愿。

6.1.4 推进绿色出行措施的效果评估

1)公共交通优先

公共交通系统优先是指在城市规划建设和交通管理中,从政策、经济、规划、技术等方面优先发展公共交通行业,从而使公共交通便捷、高效、绿色、舒适地服务大众出行。公共交通体系主要包括常规公共汽车、有轨/无轨电车、地铁、轻轨、市郊铁路、出租汽车等。公交优先的节能减排途径主要涉及公交专用道、快速公交系统、公交信号优先等关键技术。

（1）公交专用道：设置公交专用道可以减少行人和其非公交车辆对公交车行驶的干扰，实现公交车运行速度的提高，缩短行程时间。公交专用道的设置从提升公交运行效率的层面来实现节能减排。

（2）快速公交系统：快速公交系统(Bus Rapid Transit, BRT)，是一种介于轨道交通和常规公交之间的新型公共客运系统，其利用现代化公交技术配合智能运输和运营管理，开辟公交专用道和建造新式公交车站，实现轨道交通式运营服务，达到轻轨服务水准。快速公交系统作为较为新型的公共交通运行模式，具有运输乘客能力强、线路设置灵活性高、乘坐安全舒适等特点，可以更好地满足公众出行需求。快速公交系统在提升公共交通运行效率的同时，其运力也大幅增加，从人均出行碳排放的角度能够为节能减排提供强大支持。

（3）公交信号优先：公交信号优先是指公交车辆运行通过道路交叉口时，对道路交叉口信号灯进行控制，为公交车辆提供优先通行权。公交信号优先的设计理念是：在不对非公交相位运行车辆造成严重影响情况下，减少公交车辆通过交叉口的时间，降低公交车辆的延误和行程时间，从而通过提升公交车的运行效率来实现节能减排。研究表明，相较传统公路路线，设置公交优先能够减少 7%～25% 的尾气排放。通过设置公交专用道能够减少 CO_2 排放 8%～15%；快速公交系统的实施能够减少碳排放 9%～25%；在道路交叉口设置公交信号优先能够减少碳排放 7%～14%。

（4）公交专用道节能减排潜力：北京交通大学宋国华教授团队于 2015 年对北京市京通快速路公交专用道在早晚高峰时段的排放进行了测算。研究结果表明，将早、晚高峰均按 2h 计算，一年 365 天，公交专用道开通后，公交车早晚高峰一年的燃油消耗减少 1379.13t，降幅 25%，二氧化碳减排 4386t，降幅 25%。

（5）快速公交系统节能减排潜力：北京工商大学田媛教授团队于 2009 年开展 BRT 对北京市机动车污染物排放影响研究。通过问卷调查、跟车统计、公司调研等方式对北京市居民出行状况和机动车活动水平等信息进行调查。结果表明，低速发展 BRT 相比无 BRT 发展，2035 年北京市机动车污染物排放可减少 90.14 万 t，排放减少 13%；高速发展 BRT 相比无 BRT 发展，2035 年北京市机动车污染物排放减少 213.42 万 t，排放减少 31%。

（6）公交信号优先节能减排潜力：北京交通大学陈旭梅教授团队采用交通仿真的方法以北京市快速公交 2 号线为对象，研究公交信号优先控制策略的实施对尾气排放的影响。研究结果表明，在实施公交信号优先后，路网中 BRT 车辆的碳排放减少 3.0%～7.2%，氮排放减少 4%。

2）新能源公交推广

新能源公交车与传统公交车相比，具有零排放、无污染、噪声低、能耗小等优点。在注重绿色节能环保的同时，车辆配置也升级提档，整车外形设计美观，全承载车身结构，低入口、宽开门、配备冷暖空调、智能调度系统、驾驶员防疲劳系统、易挥发物检测报警装置、电子后视镜、LED（Light Emitted Diode，发光二极管）显示屏、USB（Universal Series Bus，通用串行总线）接口等设备设施，车辆运行平稳、舒适、安全，是真正意义上的零排放，大大提升了乘客的出行体验。城市公交是重要的绿色出行方式，在公交行业推广应用新能源车辆具有更加现实和深远的意义。据测算，一辆纯电动公交车运营一年相当于节省了50辆小汽车约5.25万L的油耗，少排放二氧化碳约1387.5g，少氮氧化物、碳氢化物等PM2.5成分约8.85kg。

3）智慧停车应用

智慧停车是指将无线通信技术、移动终端技术、GPS（Global Positioning System，全球定位系统）技术、GIS（Geographic Information System，地理信息系统）技术等综合应用于城市停车位的采集、管理、查询、预订与导航服务，以及停车位资源的实时更新、查询、预订与导航服务一体化，实现停车位资源利用率的最大化、停车场利润的最大化和车主停车服务的最优化。智能停车能够集中解决人们在停车过程中遇到的停车难、找车难、通行速度缓滞和缴费方式单一问题的自动化管理功能，将为社会、相关企业带来双赢的效益。

（1）停车诱导技术：停车诱导通过运用物联网技术，将传统的停车场设备智能化，让其有感知和探测能力。通过绑定停车位的位置信息、编号信息、时间信息，让物联网设备能够准确地知道该车位的车位状态。只要车主将其车牌号或手机号录入智慧停车系统，系统就可以根据车主需求，为其找到目的地所在位置的空车位，并引导车主至准确的位置，显著减少车辆在场内外徘徊行驶时间，从而起到降低碳排放的作用。

（2）反向寻车技术：反向寻车技术通过视频车位探测器对车辆进行检测，视频再经由交换机传送到识别终端，并对车牌和车位等信息进行识别后，通过以太网传输到数据服务器上，最后分享到每一个查询终端上，只需要在查询终端上通过输入车牌号码或其他相关信息就能帮助用户尽快找到车辆停放的区域，提高车位利用率，减少停车场车辆排队时间，避免道路拥堵，实现绿色出行。

4）出行一体化服务

出行即服务（Mobility as a Service，MaaS）是近年来全球交通运输领域出现的新理念，其核心是从拥有车辆转变为拥有交通服务，通过一体化交通出行和一站式服务，改善市民公共出行体验,目前已成为全球各大城市重点关注和共同追求的国际趋势。出行一体化平台可以通过整合公交、地铁、市郊铁路、步行、骑行、网络预约出租汽车、航空、铁路、长途客车、自驾等全品类的交通出行服务,为市民提供行前智慧决策、行中全程引导、行后绿色激励等全流程、一站式"门到门"的出行智能诱导以及城际出行全过程规划服务。通过这一个平台基本可以解决市民的日常出行服务问题。在出行前,市民可通过平台可以获取非常全面的出行信息,比如路上是否拥堵、几点出行最顺畅、公交有什么路线、地铁挤不挤、步行远不远、打车贵不贵等,从而做出最佳的出行计划。该平台还为公交用户提供了"地铁优先、步行少、换乘少、时间短"等多种出行规划建议,市民横向滑动即可切换不同的偏好选择。

5) 绿色出行方式引导

城市交通运输工具的平均单位排放水平如图 6-24 所示,各类出行方式的碳排放强度差距较大。除了步行骑行等零碳出行方式,乘坐地铁、摩托车、公交车出行的碳排放要远低于小汽车出行。推动高碳的小汽车出行向低碳的绿色出行方式(公交、轨道、步行、自行车等)转移,是交通出行零碳转型的重要途径。

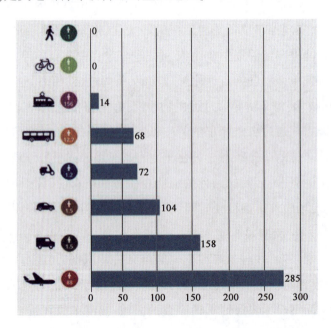

图 6-24 各类交通运输方式碳排放强度对比

受新冠肺炎疫情的影响,人们的出行受到了极大的限制,外出活动锐减。人们日常的工作、学习、娱乐等生活习惯被迫发生了改变。得益于互联网远程信息技术,视频会议、在线教育、远程医疗、网上购物及网上娱乐活动使人们在出行受限的特殊时期,仍可以最大化保证日常生活照常进行。相关报告指出,新冠肺炎疫情前,远程办公在中国的渗透率仅有1%,而在复工期间,远程办公的渗透率提升至21%。北京理工大学能源与环境政策研究中心研究显示,超过20%的被调查者愿意大幅增加远程办公、网上办理业务和网上学习培训频率服务的使用频率。更有国际企业宣布,将无限期地允许员工远程办公。伴随疫情防控的持续,人们的工作模式和工作习惯将会被改变和重新培养,远程办公可能将被更多企业主动选择,成为未来企业办公的新趋势,对人们的工作模式产生永久性的影响。引导城市居民减少不必要的出行,可以有效减少城市高峰时段出行量,继而降低交通的能源使用和相应的气体排放。

6.2 城市绿色货运发展研究

6.2.1 国内外城市绿色货运发展经验与启示

1)国外城市绿色货运配送经验总结

(1)美国。

明确宏观政策引导。确立以现代物流发展带动社会经济发展的战略目标,《国家运输科技发展战略》中规定交通产业结构或科技进步的总目标是"建立安全、高效、充足和可靠的运输系统,其范围是国际性的,形式是综合性的,特点是智能性的,性质是环境友善的"。

设置城市货运车路径网络。纽约市从1981年开始设置城市货运车路径网络,货车驾驶员必须在规定的行驶路线上行驶直至离目的地最近的路口转向货运目的地,在货物运输完成后,以最直接的路径从卸货地返回所规定的线路。

提高运输系统效率。通过优化运输组织、减少单位运量的能源使用和温室气体排放,寻求交通运输网络使用的优化。主要措施包括:①高速公路交通流管理,包括信号配时、匝道间距控制、加快事故清除、设置可变信息板等措施;②减缓公路瓶颈,包括通过诸如增加车道,互通立交优化,交叉口重新设计等措施,增加"瓶颈"路段(如交通网络中交通需求超过其容量的特定路段)的交通容量。

(2)欧盟。

制定2030年"零排放城市物流"战略。制定包括土地规划、铁路与河运量、商业惯例与信息、收费和车辆技术标准等方面的"零排放城市物流"发展战略;更好地监测和管理城市货运流量,比如整合中心、旧中心的车辆规模、监管限制、交货窗口、内河潜力;促进对低排放的货运面包车、出租汽车、公交车等商用车队的联合公共采购。

制定绿色物流标准和规划。欧洲的运输与物流业组织——欧洲货代组织(FFE)十分重视绿色物流的推进和发展,对运输、装卸、管理过程制定了相应的绿色标准和绿色物流规划,鼓励企业运用绿色物流的全新理念来经营物流活动,推动绿色物流新技术的研究和应用,积极开发和试验绿色包装材料等。

(3)德国。

制定强制性标准。德国的公路运输占据了德国运输的主要份额,因此,德国联邦货运局针对货运车辆在环保方面提出了相关规定和措施:①制定最低标准或条件,禁止使用不合格的车辆;②提倡环保型车辆、发动机等;③欧盟与非欧盟双边准入,推行运输许可证,并根据技术的改进,不断提高标准,鼓励车辆环保化;④强制检验,大型货车每年检查一次,小汽车每2年检查一次。

构筑城市物流配送合作平台。为了提高城市配送效率,改善城市交通的机动性和城市交通的拥挤状态,欧洲能源与交通总署、柏林参议院城市发展部发起了柏林市区"货运平台"(goods traffic platform)建设的圆桌会议,主要目的就是通过将紧邻商业区的道路设置为共同装卸区,以有效地组织相邻店铺的共同配送。该项目的实施开创了城市物流配送 PPP(Public-Private-Partnership,政府和企业资本合作)的运作模式。

(4)英国。

设立低排放区和超低排放区。伦敦率先设立低排放区和超低排放区,制定了差异化的收费政策。

货运电气化和自动化。展望2040年,英国使用架空电气化路线或公路无线充电技术,以实现货运电气化;使用无人驾驶飞行器(Unmanned Aerial Vehicle,UAVs,又称无人机),适合运送高价值、轻量的包裹,特别是对送达时间要求高的物品,以及使用地面载运工具,如小型无人地面送货车或机器人,可以作为可移动的包裹储物柜,减少城市地区错过投递的数量,以实现货运自动化。

(5)日本。

注重绿色物流发展整体规划。日本在《综合物流施策大纲》中明确了日本物流发展的基本方向:适应经济和社会的全面发展,使物流与新的产业和消费市场共同发展,缩短物流对生产、流通和消费造成的距离。为了有效地实施物流政策,日本政府成立了由国土交通省等相关政府部门组成的"综合物流施策推进会议",实施综合性、一体化的物流推进计划。

提高运输装备能效。日本政府按照汽车重量对汽油和柴油的轻型客货车制定了一套燃油经济性标准,即"分重量级燃油经济性标准"。采用"Top Runner"的方法确定每种重量汽车的标准,即在每个重量级中确定具有"最优"燃油经济性的汽车,并以其燃料经济性水平作为本重量级的燃油经济性标准(标准值根据产品技术进步不断修订),同级新车须在规定年限内达到标准,否则,将受到警告、公告、命令、罚款等处罚。这种方法使得少量具备先进技术的汽车带动大量技术相对落后汽车的燃料经济性提高。

建立高效的城市共同配送体系。日本通过建立共同配送模式、制定共同配送标准、制定《中小企业流通业务效率化促进法(中小企业物流效率化法)》、设立城市货运优先通行车道以及收费车道的政策、积极应用高新物流技术等综合措施打造了优秀的城市共同配送体系。早在1977年,日本福冈市藤井区就开始构建城市共同配送体系,以缓解中心商业区的交通拥堵并减轻污染,经测算,该项目使服务区内货车数量减少65%,货车运输距离减少28%,停车次数减少72%,对商业区交通拥堵的改善效果十分显著。1989年,日本京阪神地区12家百货公司联合开展共同配送,项目实施后配送车辆数、超勤务时间、配送距离、配送时间分别减少为原来的93%、48%、72%、89%。截至2006年底,日本东京的共同配送比例超过70%,共同配送的实施带来了巨大的经济效益和社会效益。

建立城市物流交通信息系统。2000年,东京开发了一套城市交通信息系统,实施了一项社区包裹的共同配送计划。发货人在线提出配送的需求,物流服务供应商收集每一社区的物流需求,然后将这些信息加以整合,制订出科学合理的共同配送计划。

2)国内典型城市绿色货运配送经验总结

(1)建立健全领导小组管理机制。大部分示范城市成立了由市政府主要领导任组长,交通、商务、公安等多部门共同参与的领导小组,并建立了联席协调工作推进机制。领导小组下设办公室在市交通运输部门,负责日常协调管理工作。

(2)构建高效能的城市配送物流基础设施。创建城市积极布局"干支货运枢纽、公共配送中心、末端配送站"三级节点体系建设,优化提升城市配送功能。结合路网布局以及城市空间发展特点,对市域范围内的城市配送场站资源进行深入挖掘,并与相关部门、场站建设运营方的深入交流与协调沟通,建设干支衔接型货运枢纽(物流园区)。优化提升行业集聚、统一仓储、集中分拣、共同配送功能,有序推进公共配送中心建设。布局完善智能化、特色化末端配送站。

(3)不断完善便利通行政策。针对物流企业反映强烈的"进城难、停靠难、装卸难"问题,各城市积极出台便利化通行政策。深圳、成都、武汉等地均制定了一系列政策措施落实新能源物流配送车的通行权。成都、长沙、西安等城市已经明确了新能源物流车优先的路权政策,出台了新能源汽车城区通行不受限的措施。目前,深圳、成都、天津、郑州、厦门等多个城市已经完成纯电动物流车路权电子备案登记,纯电动物流车除在特殊路面行驶外,无须办理通行证即可在全市其他道路均畅通无阻。

(4)出台落实多样化的财政支持政策。为稳定新能源发展,国家延长了对新能源汽车的补贴期限,并将免购置税延期至2022年。许多地方目前已按照国家要求取消了地方的购置补贴政策,转向给予新能源汽车使用、运营方面的优惠政策,如给予新能源车辆充电桩建设运营补贴、推行新能源汽车减排奖励等方面财税支持,在核算年行驶里程的基础上,分车型给予阶梯奖补。

6.2.2 典型城市货运车辆新能源化推广预测分析

1)预测方案

(1)数据来源:《中国统计年鉴》分车型机动车保有量数据、内蒙古自治区公安厅分车型分燃料类型新注册量数据、内蒙古自治区交通运输厅营运车辆保有量数据。

(2)车型分类:根据现状内蒙古自治区城市物流配送车辆主要类型,综合考虑国内外典型城市物流配送车辆车型构成,根据燃料类型划分为汽油、柴油、天然气、电动、氢燃料五种车型。

(3)预测方法:统计数据显示,近年来内蒙古自治区轻型货车保持了较为稳定的增长势头,本研究基于多年历史数据采取了弹性系数法对城市物流配送车辆保有量进行预测。

2)情景设置

(1)基准情景:以实际发展情况为基础,延续当前政策力度、技术、管理手段,预测延续现有政策及技术水平的发展趋势下分燃料类型的城市物流配送车辆构成情况。

(2)低碳情景:在基准情景的基础上,综合考虑清洁燃料替代、能效水平提升、运输结构优化和交通需求管理等主要减排措施的推进情况,加大各项减排措施的推进力度,模拟各类措施的节能减排效果,并预测分燃料类型的城市物流配送车辆构成情况。

(3)时间节点:选取2025年、2030年、2035年、2050年等关键时间节点对城市物流配送车辆进行预测分析。

3）结果分析

基准情景和低碳情景下分燃料类型城市物流配送车辆预测结果见表 6-3 和图 6-25。

分燃料类型城市物流配送车辆预测结果　　　　表 6-3

年份（年）	基准情景				
	汽油	柴油	天然气	电动	氢燃料
2025	29.88	44.82	5.12	4.70	0.85
2030	36.50	52.99	11.77	14.13	2.35
2035	35.51	56.23	22.20	29.59	4.44
2050	11.04	44.15	44.15	110.36	11.04

年份（年）	低碳情景				
	汽油	柴油	天然气	电动	氢燃料
2025	29.88	42.69	5.12	6.83	0.85
2030	32.97	41.21	4.71	35.32	3.53
2035	26.63	32.55	0.00	81.38	7.40
2050	0.00	15.45	0.00	183.20	22.07

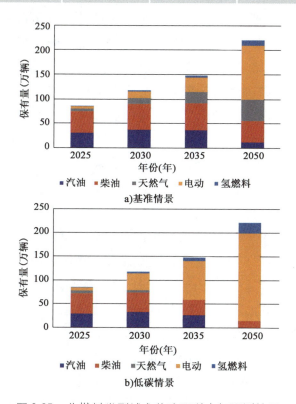

图 6-25　分燃料类型城市物流配送车辆预测结果

从表6-3和图6-25中可以看出：①内蒙古自治区城市物流配送车辆保有量将保持持续增长态势，2025年、2030年、2035年、2050年将分别达到85.38万辆、117.75万辆、147.97万辆和220.73万辆。②从燃料类型构成来看，基准情景下，汽油、柴油车辆保有量均先增加后减少，天然气、电动、氢燃料车辆均保持持续增长趋势，其中，电动汽车辆增幅较大，2050年约占城市物流配送车辆总数的50%，氢燃料车辆有所发展，2050年约占城市物流配送车辆总数的5%。低碳情景下，汽油、柴油车辆保有量均先增加后减少，天然气车辆逐渐减少，电动、氢燃料车辆均保持持续增长趋势，2050年电动、氢燃料车辆分别约占城市物流配送车辆总数的83%、10%。

6.2.3 典型城市货运车辆新能源化推广政策建议

(1) 积极参与示范城市创建。积极响应国家号召，借鉴其他城市的优秀做法，组织遴选现状基础好、创建意愿强、发展潜力大的城市参与城市绿色货运配送示范工程申报工作。鼓励拟申报"绿色货运配送示范工程"的城市成立创建领导小组，交通运输、公安、商务等部门作为成员单位，明确具体职责、工作目标、任务分工，强化示范工作动态监管，为示范工程提供组织保障。形成责任分工明确的跨部门协同联动工作机制，协调解决试点工作开展过程中的重大问题，推进落实重大项目，促进各部门协调联动，切实形成部门合力。

(2) 加强城市配送网络建设。立足各城市规划，合理布局，整合现有仓储、运输等物流基础设施，以重要物流产业集聚区为载体建设分拨中心，以批发市场为载体建设配送中心，以大型商超、社区、校园为载体建设末端配送网点，打造高效、便捷、绿色、智能、集约的城市货运配送三级网络体系。

(3) 加快新能源物流车推广。加强城市配送车辆管理，统一标识，提高标准，推广标准化、轻量化、厢式化的城市配送车辆。加快邮政物流领域燃油车淘汰速度，持续推进物流配送车辆电动化进程。

(4) 创新城市配送组织模式。培育城市配送龙头企业，带动产业升级，提升行业整体水平，促进行业健康发展。探索应用无人车、无人机等智慧物流新模式，提升配送集约化水平。加快城市绿色货运配送示范工程建设，鼓励生产制造企业、商贸物流企业和货运配送企业发展多种形式的集中配送、共同配送、夜间配送。

(5) 完善车辆便利通行政策。健全城市配送车辆投放机制，鼓励各城市立足实际，构建政府指导、部门联动、多方参与的共管共治共享格局。着力解决"通行难""停车难"等问题，适度放开新能源城市配送车辆在城市中心区域的通行权，对经过备案、统一标识、统一编号的绿色货运配送新能源车辆不限行。根据城市货运配送需求分布特征，分析物流配送的重要区域和高峰时段,设置新能源物流车专用停车位,给予限时免费或优惠停车。打造适宜新能源汽车推广应用的城市交通运行环境。

(6)推进配套基础设施建设。加大用地、资金等支持力度,鼓励在现有各类建筑物停车场、公交车站、社会公共停车场和加油站等场所与充换电、加气、加氢基础设施一体化建设。根据新能源物流车的续驶里程,结合物流企业运营数据,从土地保障、电网支撑等角度优化充电基础设施规划布局,在物流园区、大型卖场、末端配送站等点位优先布设充电桩,逐步缩小充电基础设施服务范围,形成完善的基础设施网络。推进智能服务平台建设,落实集中式充换电设施免收需量(容量)电费政策,鼓励公共充电桩建设和运营企业为系能源配送车辆充电提供便利和优惠。

(7)推进配送信息交互共享。各城市交通运输、公安、商务等主管部门加快建设城市货运配送公共管理信息平台,鼓励辖区内物流配送企业注册、共享信息,发挥大数据分析优势,全面提升城市物流配送全链条信息化水平。

(8)加强配送市场监督管理。加强各部门对城市配送市场的监督管理,研究制定城市配送企业运营服务规范,健全城市货运配送企业质量信誉考核制度,引导行业规范发展。定期对城市配送企业进行质量信誉考核,对考核不合格的企业,予以警告,限期整改,对整改不到位的企业,可视情况暂停相关补助。加强对绿色城市配送体系建设的动态监测和运行分析,定期调查资金补助使用情况,确保直接经济补助和非直接经济补助等资金政策落到实处。

(9)构建精准政策保障体系。建立健全绿色货运配送支持体系,强化财政、金融、税收、土地、投资、保险等方面的政策保障。积极协调财政部门,安排专项资金,加大对城市配送三级网络基础设施建设、配送车辆通行管控和停车管理、配送车辆更新、城市配送信息化建设、节能减排技术改造等绿色配送重点方面的投入和支持力度。强化财政资金在构建城市绿色交通体系的引导作用,统筹利用现有资金渠道,吸引社会资本参与,拓宽融资渠道。

(10)加强全面宣传教育引导。采取多种形式、多种渠道,结合世界地球日、全国节能宣传周、全国低碳日等活动开展节能降碳宣传。构建"政府主导、企业主体、公众参与"的宣传响应模式,提高社会各界对城市绿色货运配送的认知度和接受度。

6.3 城市绿色交通体系构建策略建议

(1)建成快速线路、骨架线路、基本线路、特色专线、城乡线路构成的多层次公共交通网络体系,提升新能源公交车辆比例。推进有条件和需求的城市在主要客流走廊规划建设BRT或者现代有轨电车等中运量公共交通。其他中小城市建成以常规公交为主体、出租汽车等方式为补充的城市客运体系。

（2）提升公共交通服务品质，丰富公共交通线路服务模式，建立与出行服务质量挂钩的价格机制。科学设置公交专用道、公交优先通行信号系统、港湾式停靠站等设施。推进公交智能化系统建设，实现公共交通调度、运营、管理的智能化，打造一体化公众出行服务平台。

（3）积极开展绿色出行创建行动。加快自行车、步行等慢行设施建设，规范发展共享单车等绿色交通出行方式。提高非机动车道的连续性、通畅性和安全性，改善行人过街设施条件，优化慢行系统。鼓励和引导居民采用"步行+公交""自行车+公交"等绿色低碳出行方式。

第7章 节能低碳型交通工具推广路径研究

7.1 国内外新能源货车推广现状及政策梳理

7.1.1 国外先进新能源重型货车推广经验梳理

1）明确推广目标

在环保压力和能源转型等因素的驱动下,为降低重型货车辆燃料消耗量,大力推广新能源车辆,越来越多的国家制定了政策目标,见表7-1。

典型国家新能源重型货车政策目标　　　　表7-1

国家	年份（年）	政策目标	来源
奥地利	2032	18t及以下重型货车实现零排放	奥地利发布《交通运输2030年总体规划》（2021年7月）
	2035	18t以上重型货车实现零排放	
韩国	2040	氢燃料电池货车达到3万辆	韩国政府出台《氢能经济发展路线图》（2019年1月）
荷兰	2025	计划销售新能源重型货车3000辆	荷兰政府"气候协议"（2019年）
	2040	所有新增货车都必须使用清洁能源	COP 26气候峰会（2021年11月）
挪威	2030	零排放汽车市场份额为50%	挪威政府修订《国家交通计划（2018—2029）》（2017年6月）

续上表

国家	年份(年)	政策目标	来源
日本	2030	将汽车电池成本削减过半,至每千瓦时1万日元或更少	日本政府宣布"绿色增长计划"(2020年12月)
	2035	电动汽车(包括混合动力电动车、燃料电池汽车)将替代汽油车	
巴基斯坦	2030	零排放汽车市场份额为30%	Uddin,Moaz"巴基斯坦国家电动汽车政策:向未来充电"国际清洁交通理事会(博客)(2020年1月10日)
	2040	零排放汽车市场份额为90%	
英国	2040	停止销售新型柴油和汽油重型货车(HGV)	英国交通大臣沙普斯宣布启动"交通脱碳计划"(2021年7月14日)
	2050	实现100%零排放	
美国15个州和哥伦比亚特区	2030	零排放汽车市场份额为30%	《联合谅解备忘录(MOU)》(2020年7月)
	2050	实现100%零排放	

注:美国15个州为加利福尼亚州、康涅狄格州、科罗拉多州、夏威夷州、缅因州、马里兰州、马萨诸塞州、新泽西州、纽约州、北卡罗来纳州、俄勒冈州、宾夕法尼亚州、罗得岛州、佛蒙特州和华盛顿州。

2020年6月,美国加利福尼亚州空气资源委员会出台了全球第一项要求制造商增加零排放货车销量占比的法规——《先进清洁货车(ACT)法规》,该法规要求,在加州销售的零排放重型货车(ZE-HDV)从2024年起需满足一定的销售比例,见表7-2,到2030年须累计销售10万辆,到2035年须累计销售30万辆。

美国加利福尼亚州零排放重型货车新车销量占比要求   表7-2

年份(年)	不同车型销量占比(%)		
	2b~3级 (3.85~6.3t)	4~8级 (6.3~11.6t)	7~8级牵引车 (11.6t以上)
2024	5	9	5
2025	7	11	7
2026	10	13	10
2027	15	20	15
2028	20	30	20
2029	25	40	25
2030	30	50	30

续上表

年份 (年)	不同车型销量占比(%)		
	2b~3级 (3.85~6.3t)	4~8级 (6.3~11.6t)	7~8级牵引车 (11.6t以上)
2031	35	55	35
2032	40	60	40
2033	45	65	40
2034	50	70	40
2035及以后	55	75	40

2）全面政策激励

（1）购买激励。

实现新能源汽车零排放，需通过制定法规和相关经济激励措施来降低新能源汽车的成本，尤其要制定重型商用新能源汽车政策。新能源重型货车成本较高，其购买激励措施是欧洲和北美汽车市场常见的政策，旨在缩小与传统汽车价格差距。根据车型、负载系数、原车价格、续驶里程、蓄电池尺寸和能效等指标，购买激励的金额从几千美元到三十多万美元不等。表7-3为国外典型国家和地区促进购买新能源重型货车主要的激励措施。

国外典型国家和地区促进购买新能源重型货车的激励措施　　表7-3

国家和地区	措施来源	责任机构	激励条件	补贴金额
美国加利福尼亚州	低排放货车和公交车优惠券激励项目（HVIP）	加利福尼亚州空气资源委员会	购买公共汽车、货车。除公交车外，不得与卡尔·莫耶计划同时使用	每辆车高达31.5万美元
	卡尔·莫耶空气质量达标计划	加利福尼亚州环境协会和加州空气资源委员会	更换或新增的供电动货车、公交车	每辆车高达20万美元。对于少于10辆车的车队，最高覆盖80%的车辆成本；对于大型车队，最高覆盖50%的车辆成本
	加利福尼亚州大众环境缓解信托基金项目	南海岸空气质量管理局	报废并更换2012年之前的8类货车	每辆车高达20万美元。政府自有车辆成本高达100%，非政府车辆高达75%

续上表

国家和地区	措施来源	责任机构	激励条件	补贴金额
法国	关于资助购买或租赁低污染车辆的法令（2021年第37号）	生态转型部	购买使用电能、氢能源或两者混合能源的重型货车	新能源重型货车购买成本的40%，最高5000欧元
德国	关于推广具有气候友好型驱动器的商用汽车指令	联邦交通和数字基础设施部	购买电动商用车	新能源重型货车与欧六柴油之间的差价高达80%
意大利	部长令（203号）	基础设施和交通部	购买新的"替代"动力系统，包括汽油、混合动力和纯电动	超过7t的纯电动货车高达2万欧元
西班牙	MOVES Ⅱ计划：促进可持续出行	生态转型和人口挑战部	购买新的零排放重型货车	纯电动和氢燃料电池货车高达1.5万欧元
英国	插电式汽车补助计划	交通部和商业、能源和工业战略部	5辆预先批准的零排放货车型号（3.5~12t），每人限购10辆	对于前250个订单，补贴约为购买价格的20%，最高可达1.6万英镑

（2）运营激励。

从重型货车的整个生命周期来看，运营成本（包括燃料费和道路通行费）在总成本中占比最高。因此，相对于传统燃料重型货车，降低新能源重型货车的运营成本是使其更具成本竞争力的可行选择。

2009年，美国加州空气资源委员会（CARB）批准通过了《低碳燃料标准（LCFS）》，旨在增加加州低碳交通燃料的使用，削减温室气体排放。2018年和2020年针对相关条款进行了两次修订，确定了现阶段LCFS的目标是到2030年交通运输领域燃料全生命周期的碳强度（CI）相比2010年的基准水平下降20%。LCFS的适用主体包括交通燃料的生产者、进口商及配套基础设施（如充换电、加氢站）的所有者或运营商等，其涵盖的燃料类型有汽油、柴油、氢燃料、混合燃料等。LCFS运行机制是为各类燃料设定一个逐年降低的CI基准值，各适用主体有义务计算并报告实际使用的燃料CI值，并与基准值进行比较，若实际CI值低于基准值则产生正积分，高于基准值则产生负积分，再配套积分交易市场机制（正积分可削减运营成本，2021年积分最高交易价格为221.67美元），不断促进低碳燃料的使用。

在一些欧洲国家,新能源重型货车享受道路通行费减免优惠政策。2017年5月,欧盟委员会提出了修订一项欧盟指令(Eurovignette Directive)的提案,该指令规定了重型车辆在跨欧洲运输网络道路上的收费规则,计划从2023年起,应根据重型货车二氧化碳的排放情况调整收费标准,并在2025年前完全免除ZE-HDV的道路通行费。预计该指令实施后,ZE-HDV的道路通行费与传统柴油重型货车相比将减少50%~75%,目前该指令修订工作还在进行中。2005年1月,德国开始实行《高速公路乘用车收费法》(Pkw-Maut),对质量超过12t的重型货车收取高速公路通行费,以扩充财源。具体费用取决于车辆的行驶距离、污染物排放等级、车辆质量和车轴数量,大约每100km收取15~31欧元。2015年10月1日起,7.5~12t的重型货车也需缴纳道路通行费,一辆欧六拖车收取0.19欧元/km,约占所有运营成本的15%,即每年约2万欧元。2020年5月,德国联邦议院根据运输委员会的建议重新修订了《联邦高速公路乘用车收费法》,重点扩大了对零排放重型货车(ZE-HDV)的补贴范围,草案中明确提出到2023年12月31日前完全免除零排放重型货车(ZE-HDV)的道路通行费用。

(3)基础设施激励。

新能源汽车是全球交通出行领域技术革命和产业变革的制高点,现在行业内已经有了一定规模的应用,纯电动和氢燃料的相关研发不仅依靠技术创新,还依赖于充换电、加氢等基础设施建设的支撑。基础设施建设现已被多个国家列为推广新能源重型货车的重要组成部分,国外一些国家和地区现已推出一系列基础设施激励措施,见表7-4。

新能源重型货车基础设施激励措施 表7-4

国家和地区	来源	具体措施
美国加利福尼亚州	清洁交通计划	加利福尼亚州能源委员会计划于2020—2023年投资1.298亿美元作为清洁交通计划资金,主要用于中型、重型零排放汽车基础设施建设
	中型、重型充电基础设施投资项目	太平洋天然气电力公司计划投资2.36亿美元用于700多个站点建设,最低可保障6500辆中型、重型汽车充电;南加州爱迪生公司计划投资3.43亿美元用于870多个站点建设,最低可保障8490辆中型、重型货车充电。加州公共事业委员会已批准了两项投资
欧盟	替代燃料基础设施条例	2021年7月,欧盟委员会公布了新修订的《替代燃料基础设施条例》,该条例明确了基础设施建设目标:到2030年,全欧交通网络(TEN-T)核心路线每60km建设一个充电站,其他路线每100km建设一个充电站;每150km建设一个加氢站

续上表

国家和地区	来源	具体措施
法国	ADVENIR计划	ADVENIR计划是法国首批充电基础设施建设项目,可为N2和N3类电动货车提供充电站(1000个)建设资金补贴,功率超过8000kW的建设项目最高可补贴96万欧元
德国	充电基础设施总体规划	2019年11月,德国联邦内阁通过了《充电基础设施总体规划》,计划到2023年至少投资30亿欧元用于零排放汽车和货车的充换电、加氢基础设施建设
波兰	国家替代燃料基础设施发展政策框架	2016年,波兰能源部发布了《国家替代燃料基础设施发展政策框架》,其中对充电站建设的补贴最高可达15万波兰兹罗提,或补贴总建设成本的50%
韩国	氢燃料电池车推广及加氢站建设补贴工作指南	2021年,韩国环境部发布了《氢燃料电池车推广及加氢站建设补贴工作指南》,计划投资5082亿韩元,主用于加氢站建设,每个加氢站最少可获得7000万韩元的运营补贴
西班牙	MOVES Ⅱ 计划:促进可持续出行	西班牙提供10万欧元的资金(或基础设施建设总成本的40%)支持充电基础设施建设,2021年MOVES Ⅱ计划将投资金额提高到1亿欧元

3)其他措施

国外一些典型城市或行政区已经开始或计划建立低排放、近零排放和零排放示范区,制定明确的时间表监管车辆通行,只有符合环境性能标准的车辆才可以在这些区域自由通行,高污染车辆需缴纳一定额度罚款或过路费进入示范区。表7-5为一些典型城市已经实施零排放区基本情况,表7-6为一些典型城市计划实施零排放区基本情况。

已经实施示范区城市情况　　　　　　　　　表7-5

城市	实施日期	条件	措施	试点	运行时间
鹿特丹(荷兰)	2015年1月	零排放汽车免费通行(包括总质量≥3.5t的重型货车)	不合规车辆需缴纳95欧元的罚款和9欧元的行政管理费	货运零排放区:'s-Gravendijkwal街	每天24h
伦敦哈克尼行和伊斯灵顿自治区(英国)	2018年9月	CO_2排放量≤75g/km且零排放续驶里程≥10mile的汽车免费通行(所有车辆类型)	不合规车辆需要支付130英镑罚款,如果车主可在14天内完成支付,罚款金额可以降低至65英镑	近零排放区:Rivington街、Charlotte街、Tabernacle街、Singer街、Cowper街	工作日7:00—10:00、16:00—17:00

续上表

城市	实施日期	条 件	措 施	试 点	运行时间
伦敦金融城（英国）	2020年3月	CO_2排放量≤75g/km、零排放续驶里程≥20mile且NO_x排放符合欧六排放标准（或与其等效的标准）的汽车免费通行（所有车辆类型）	不合规车辆会收到处罚通知书，罚款金额最高为130英镑	近零排放区：Beech街	每天24h
牛津（英国）	2021年底	零排放汽车免费通行（所有车辆类型）	不合规车辆需缴纳一定费用，费用按日收取，具体金额根据车辆的CO_2排放水平确定。若未按时缴纳，则需根据逾期时间缴纳一定罚款（60~180英镑）	零排放区覆盖八条街道	每天7:00—19:00
	2022年第一季度			零排放区覆盖市中心部分区域（约1.6km²）	
奥斯陆（挪威）	2022年	零排放汽车免费通行（所有车辆类型）	尚未公开	将现有的无车城市生活区划为零排放区（约1.3km²）	每天24h
阿姆斯特丹（荷兰）	2022年	排放水平达到特定要求的汽车免费通行（公交车、客车）	不合规车辆需缴纳罚款，踏板车和轻便摩托车为70欧元，乘用车、出租汽车、轻型商用车、公交车、长途客车为100欧元，货车为250欧元	零排放区覆盖市中心部分区域（约6.5km²）	每天24h

计划实施示范区城市情况表　　　　　　　　表7-6

城市	计划日期	条 件	措 施	试 点	运行时间
奥斯陆（挪威）	2026年	零排放汽车免费通行（所有车辆类型）	尚未公开	拓展至二环路以内全部区域（约13km²）	每天24h

续上表

城市	计划日期	条件	措施	试点	运行时间
阿姆斯特丹（荷兰）	2025年	排放水平达到特定要求的汽车免费通行（除乘用车外）	不合规车辆需缴纳罚款，踏板车和轻便摩托车为70欧元，乘用车、出租汽车、轻型商用车、公交车、长途客车为100欧元，货车为250欧元	拓展至A10环路以内区域（约70km²）	每天24h
	2030年	排放水平达到特定要求的汽车免费通行（所有车辆类型）		零排放区覆盖整个城市	
巴黎（法国）	2030年	排放水平达到特定要求的汽车免费通行（所有车辆类型）	不合规车辆需缴纳罚款，公交车、客车和重型货车为135欧元，其他车型为68欧元。若45天内未缴纳，金额将分别增至375欧元和180欧元	将现有的低排放区（包括巴黎大区共79个自治区）划为零排放区	公交车、客车和重型货车：每天8:00—20:00；其他车辆类型：工作日8:00—20:00

7.1.2 国内新能源重型汽车推广现状

我国重型汽车（Heavy Duty Vehicle，HDV）是专为重型负荷和运输而设计制造且总车重（Gross Vehicle Weight，GVW）超过3.5t的商用车辆，通常包括载货汽车、自卸汽车、半挂牵引车以及客车或公共汽车。自2010年以来，我国重型汽车市场已成为全球最大的重型汽车市场，每年生产超过100万辆。然而，重型汽车在污染物（CO_2、NO_x、PM2.5等）排放总量中占比很大，带来的环境负担亟待解决。

（1）我国新能源重型货车推广政策梳理。我国自2012年开始对重型汽车燃料消耗量进行管理，至今先后发布了《重型商用车辆燃料消耗量测量方法》《重型商用车辆燃料消耗量限值》等标准，初步建立起重型商用车节能标准体系，标准主要对重型货车、客车、城市客车、自卸汽车、半挂牵引车五类车型燃料消耗量进行管理。

针对新能源重型货车（包括纯电货车和燃料电池货车）推广，国家近几年也出台了《柴油货车污染治理攻坚战行动计划》《关于完善新能源汽车推广应用财政补贴政策的通知》《新能源汽车产业发展规划（2021—2035年）》《机动车排放召回管理规定》等政策措施,明确推动落实新能源汽车免限购、免限行、路权等支持政策,加快老旧柴油货车淘汰并制定补贴措施(表7-7),力争经过15年的持续努力,我国新能源汽车核心技术达到国际先进水平,质量品牌具备较强的国际竞争力。

我国零排放重型汽车激励措施　　　表7-7

年份(年)	类型	能量要求	补贴方案	其他要求
2009	BET	无限制	—	—
	FCET	无限制	60万元	—
2013	BET	无限制	2000元/(kW·h)	补贴上限为15万元
	FCET	无限制	50万元	—
2014	BET	无限制	1900元/(kW·h)	补贴上限为14.25万元
	FCET	无限制	47.5万元	—
2015	BET	无限制	1800元/(kW·h)	补贴上限为13.5万元
	FCET	无限制	45万元	—
2016	BET	无限制	1800元/(kW·h)	续驶里程≥80km
	FCET	无限制	50万元	续驶里程≥200km, 补贴上限为13万元
2017	BET	≤30(kW·h)	1500元/(kW·h)	(1)系统能量密度≥90(W·h)/kg; (2)Ekg≤0.5(W·h)/(km·kg); (3)补贴上限为15万元
		30~50(kW·h)	1200元/(kW·h)	
		>50(kW·h)	1000元/(kW·h)	
	FCET	无限制	50万元	续驶里程≥300km
2018	BET	≤30(kW·h)	850元/(kW·h)	(1)系统能量密度≥115(W·h)/kg; (2)Ekg≤0.4(W·h)/(km·kg); (3)补贴上限为10万元
		30~50(kW·h)	750元/(kW·h)	
		>50(kW·h)	650元/(kW·h)	
	FCET	无限制	50万元	(1)额定功率>30kW; (2)续驶里程≥300km
2019	BET	无限制	350元/(kW·h)	(1)系统能量密度≥125(W·h)/kg; (2)续驶里程≥80km; (3)Ekg≤0.35(W·h)/(km·kg); (4)补贴上限为5.5万元
	FCET	无限制	40万元	—
2020	BET	无限制	315元/(kW·h)	(1)系统能量密度≥125(W·h)/kg; (2)续驶里程≥80km; (3)Ekg≤0.29(W·h)/(km·kg); (4)补贴上限为5万元
	FCET		燃料电池汽车试点城市计划更新后公布	

续上表

年份(年)	类型	能量要求	补贴方案	其他要求
2021	BET	无限制	252元/(kW·h)	补贴上限为4万元(私人领域)
			315元/(kW·h)	补贴上限为4.95万元(公共领域)
	FCET		燃料电池汽车试点城市计划更新后公布	

注:Ekg是单位载质量能量消耗量,Ekg = E/M,其中E表示能量消耗率,单位为(W·h)/km;M表示附加质量。如果载质量≤180kg,M=载质量;如果载质量在180~360kg之间,M=180kg;如果载质量≥360kg,M=0.5×载质量。

(2)国内新能源重型货车推广现状评估。2020年10月,中国汽车工程学会发布的《节能与新能源汽车技术路线图2.0》中提出,到2025年新能源(零排放)重型车的年销量占比要达到12%,到2030年达到17%,到2035年达到20%。2021年10月,交通运输部印发《绿色交通"十四五"发展规划》,提出到2025年,营运车辆单位运输周转量二氧化碳排放较2020年预期下降5%。在国家政策大力支持引导下,我国新能源重型货车市场正在进入稳定增长阶段,新能源汽车整体技术达到国际先进水平。

①纯电动汽车技术水平和产品竞争力全面提升。整车能耗、续驶里程、智能化应用等综合性能实现全面进步,产品竞争力显著提高;动力蓄电池技术和规模进入世界前列,驱动电机与国外先进水平同步发展;充电设施建设初步满足发展要求,智能充电、V2G(Vehicle to Grid)等前瞻技术进入示范测试阶段。

②插电式混合动力电动汽车相关技术性能提前实现目标。2019年,插电式混合动力电动乘用车B状态燃料消耗量达到4.3L/100km,相比乘用车平均水平节油25.9%,提前实现技术路线图1.0版2020年目标5L/100km;自主品牌车企根据各自的技术积累和优势,推出了不同类型的新型机电耦合装置。

③氢燃料电池汽车加快进入示范导入期。氢燃料电池客车续驶里程、百公里氢耗量、最高车速等,商用车燃料电池系统额定功率、功率密度、冷起动温度、寿命等,均实现或超额完成2020年目标,商用车燃料电池系统多项技术指标与国际先进技术水平同步;实现了电堆、压缩机、DC/DC变换器、氢气循环装置等关键零部件的国产化;在催化剂、炭纸、质子交换膜等燃料电池关键材料和部件方面基础较为薄弱。

7.2 新能源重型货车技术评估体系研究

本研究采用总拥有成本(Total Cost of Ownership,TCO)来评价重型货车,新能源重型货车的拥有总成本应包括例如购置成本(C_p)和使用成本(C_u)。

7.2.1 新能源重型货车与传统燃油车能耗比选

（1）传统燃油车。从2015年开始实施的第二阶段标准规定半挂牵引车和载货汽车的燃料消耗量限值分别为47L/100km和31L/100km，但第三阶段油耗标准已经实施。

（2）电动货车。目前我国电动汽车市场上的主流蓄电池类型是磷酸铁锂（LFP）电池，与欧洲和美国通常使用的镍钴类蓄电池（镍钴铝和镍锰钴）相比，磷酸铁锂蓄电池的单体能量密度已经接近其最大潜力，中国生产蓄电池的单体能量密度在250~280（W·h）/kg之间。因此，该技术的剩余潜力主要在于通过无模组设计（Cell to Pack，CTP）和蓄电池到底盘设计（Cell to Chassis，CTC）等创新手段将蓄电池集成到车辆动力传动系统中。CTP技术跳过了模块步骤，将蓄电池直接集成到蓄电池组中，从而使其体积能量密度提高了50%。宁德时代和比亚迪等中国制造商已采用CTP技术，目前最先进的磷酸铁锂蓄电池的能量密度约为160（W·h）/kg。

不同车型的能耗值如图7-1所示。

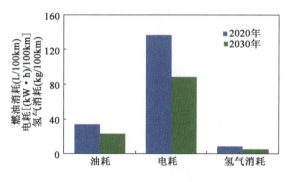

图7-1　不同车型能耗值

（3）氢燃料电池车。目前最先进的行业技术水平中，储氢量约为$20kgH_2$/kg，燃料电池堆（包括电力电子器件和水管理系统）功率密度约为280W/kg。根据中国汽车工程学会的《节能与新能源汽车路线图2.0》，假设燃料电池功率密度每年提高5%，到2030年该值达到460W/kg。作为参考，美国能源部的最终目标是650W/kg。为确保燃料电池货车产生最低能耗，该模型还配备一个能源管理系统，该系统根据等效因子计算燃料电池堆和电池组之间的最佳能量平衡。

7.2.2 新能源重型货车与传统燃油车成本比选

（1）购置成本。根据调研结果，估算各类货车的柴油新车的价格（约为30万元）。

考虑到降低油耗所需的技术升级,后续年份车型的价格将提高。这里假设未来的第四阶段油耗标准将于2025年引入,并要求油耗比第三阶段降低约30%。考虑燃油效率技术提升导致的价格上涨,包括了研发、管理、营销与分销以及利润空间方面的支出。虽然燃料电池成本在过去几年大幅下降,但重型和轻型车辆在燃料电池组层面还存在很大差异,例如耐久性、电压等级、功率输出、热管理和模块化。因此,目前重型车辆的燃料电池组与单体成本比大于2,参考《节能与新能源汽车路线图2.0》,预计到2030年下降到600元/kW。

中国的货车税收制度包括了购置税和使用税费。目前传统柴油货车需要缴纳购置税和使用税费,而纯电动和燃料电池货车均暂时免除了相关费用(表7-8)。

各类车型税费构成表　　　　　　　　　　　　　　　　表7-8

柴油货车		纯电动货车		氢燃料电池货车	
购置税	使用税 [元/(t·年)]	购置税	使用税 [元/(t·年)]	购置税	使用税 [元/(t·年)]
10%	96	0	0	0	0

(2)运营成本。对于燃料成本而言,中国70%以上的石油依赖进口,所以国内柴油价格受原油价格和政治风险影响较大。为保持柴油价格稳定,国家发展改革委每10个工作日对柴油价格进行一次指导和调整。2020年国内平均柴油价格为6.5元/L。与柴油价格一样,中国的电价体系也是一个政府引导的市场。一般来说,不同城市、不同用途和不同地区的电价是不同的。根据《内蒙古自治区发展和改革委员会关于蒙东电网试行分时电价政策有关事项的通知》《内蒙古自治区发展和改革委员会关于蒙西电网试行分时电价政策有关事项的通知》《关于明确蒙西地区电力市场交易用户保底电价的通知》共同确定电价。蒙西电网保底电价表见表7-9。

蒙西电网保底电价表(工商业及其他用电)　　　　　　表7-9

用电分类		电度电价					基本电价	
		不满 1kV	1~ 10kV	35~ 110kV	110~ 220kV	220kV 及以上	最大需量 [元/(kW·月)]	变压器容量 [元/(kV·A·月)]
工商业及 其他用电	单一制	1.0967	1.0149	0.9701	—	—	—	—
	两部制	—	0.8717	0.8267	0.7907	0.7697	28.00	19.00

注:表中所列价格,均含国家重大水利工程建设基金0.1125分、大中型水库移民后期扶持资金0.23分、可再生能源电价附加1.9分。

2021年9月,内蒙古自治区能源价格涨幅普遍回落(工业用电方面):东部电网赤峰通辽电网一般工商业及其他用电(35kV以上)价格为0.607元/(kW·h),西部电网单一制工商业及其他用电（35kV 以上）价格为 0.4350 元/（kW·h），西部电网两部制工商业及其他用电（35kV 以上）价格为 0.3878 元/（kW·h），价格均与 8 月持平。根据调研结果，现有电动重型货车平均每台车每年行驶 10 万 km，传统燃油车每百公里耗能 240 元（每公里油耗约为 45L），纯电动重型货车每 100km 耗能 50 元[按照 0.26 元/（kW·h）电价测算，耗电 180（kW·h）/100km]，平均每公里节约耗能约 1.9 元。

加氢站的氢气价格受多种因素和参数的影响，主要影响因素包括生产成本、氢气从制氢厂到加氢站的输送成本以及加氢站的运营成本。考虑了政策支持对氢成本的影响，目前上海为每个加氢站提供 200 万元人民币的建设补助。

纯电动车型相对于柴油车型的拥有总成本平价主要在未来十年内实现。纯电动重型货车将在 2030 年左右实现与同款柴油车的总拥有成本平价；对于燃料电池货车，在 2030 年之前所有货车车型均无法实现成本平价，并且该技术的总拥有成本比柴油和纯电动车型高出许多倍。在没有政策干预的情况下，燃料电池货车将在 2030 年之后一段时间内才能实现成本平价。

不同车型总拥有成本对比如图 7-2 所示。

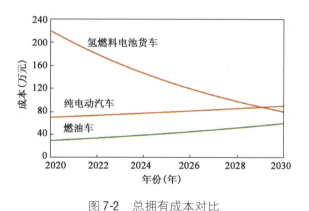

图 7-2　总拥有成本对比

7.2.3　不同燃料类型车辆技术对比

通过分析不同燃料车辆的技术现状、政策现状、应用现状以及发展趋势，可以判断，不同燃料类型的车辆在交通运输各子领域的适用性不同，运用的时间早晚与规模大小会存在差异。例如天然气汽车应用时间较长，技术较为成熟，续驶里程长，但会存在改装车辆尾气排放不达标问题；混合动力电动汽车能够大幅降低油耗，不需要大规模的充电基础设施；纯电动汽车实现了不烧油、零污染，缺点是续驶里程短、充电时间长，适用于市区短途轻载运输。氢燃料电池汽车正相反，续驶里程长、载重能力强、加注时间短，更适用于长途中重载运输。

(1) 从技术成熟度来看,目前天然气车辆的技术较为成熟,但符合最新排放标准的天然气车辆尾气后处理装置较为复杂,后期维护成本较高;纯电动和混合动力电动汽车随着近年来的规模化应用,技术成熟度逐步提升,但动力蓄电池的稳定性、可靠性、安全性仍需要进一步提升;氢燃料电池汽车的示范应用有力地推动了燃料电池动力系统、关键零部件的技术进步,但仍需进一步提升燃料电池电堆性能与比功率、提高寿命、降低成本。

(2) 从燃料供给保障来看,目前天然气加气站基本能满足城市、城际客货运输需求,但在冬季天然气供应紧张时局部地区难以保障;电动汽车的充、换电站近年来大规模建设,但在部分地区仍难以满足充换电需求;氢燃料电池汽车在氢的制取、储运、加氢等方面刚刚起步,目前尚不具备规模化应用的条件。

(3) 从当前动力系统成本来看,燃料电池汽车适合长里程、高负荷的车型。根据对燃料电池汽车动力系统与电动汽车动力系统成本的对比分析(图7-3),在续驶里程小于290km的范围内,电动汽车的动力系统成本比燃料电池汽车低,当续驶里程大于290km时,电动汽车的动力系统成本将高于燃料电池汽车,并且当续驶里程大于500km时,燃料电池动力系统成本比电动汽车低50%。因此,在当前补贴的情境下,燃料电池汽车的总成本明显高于传统燃油车、天然气车和新能源车;随着新能源汽车购置补贴的下降、燃料电池汽车技术进步带来成本的下降,燃料电池汽车与传统燃油车和纯电动汽车的成本差距逐步缩小。天然气汽车使用的经济性主要取决于油气价格比。

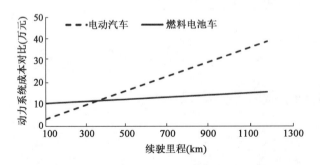

图7-3 燃料电池汽车与电动汽车的动力系统成本比较

注:动力蓄电池成本按照1.8元/(W·h)、80(W·h)/kg计算;燃料电池动力系统成本按照商业化的成本计算(2025年预测值),800元/kW,氢瓶1万元/个。

不同燃料类型车辆特点及适用性比较见表7-10。

不同燃料类型车辆特点及适用性比较　　　　　表 7-10

车辆燃料类型	成本情况	尾气排放情况	优缺点	适用领域
天然气汽车	使用经济性取决于油气价格比	存在改装车辆尾气排放不达标问题	技术成熟、续驶里程长、加注方便	适用领域广泛，城市公交、出租汽车、城际客运、货运
纯电动汽车	补贴退坡直至取消，成本不具备优势	终端零排	续驶里程短、充电时间长	出租汽车、城市配送等市区短途轻载运输
混合动力汽车	补贴退坡直至取消，成本不具备优势	尾气排放相较于燃油汽车有所降低	不需要大规模的充电基础设施	过渡性产品，主要在公路客运等领域应用
氢燃料电池车	目前购置成本、燃料成本较高，不具备商业化发展条件	终端零排	续驶里程长、载重能力强、加注时间短	长途中重载运输

7.3 典型省（区、市）新能源重型货车推广路径研究

7.3.1 新能源重型货车推广面临的问题

（1）核心技术有待突破。目前蓄电池性能是电动汽车发展的主要瓶颈，导致电动汽车在续驶里程，尤其是冬季的续驶里程方面还存在很多不确定性。蓄电池的能量密度取决于正极和负极材料的能量容量，其使用寿命取决于正极和负极材料的循环性能，而快速发展的电动汽车规模储能等对二次蓄电池提出了越来越高的要求，需要进一步突破正负极材料的藩篱，组合形成不同能量和功率的锂离子蓄电池，从而满足电池高能量密度、高功率密度、高安全性、长寿命、宽工作温度和低成本的要求。由于电动汽车的实际成本无法与传统车公平竞争，市场自由选择时电动汽车等清洁燃料车不具备竞争优势，导致道路运输燃料清洁化发展速度缓慢。同时，京津冀区域道路运输领域燃料清洁化的技术路径选择仍不清晰，部分城市在选择不同类型的道路运输装备时，并未结合当地的能源

禀赋、产业配套情况,盲目跟风。

(2)政策针对性有效性有待加强。目前京津冀区域新能源和清洁燃料车辆的推广政策主要集中在原则性的规划使用政策上,个别城市出台了补贴政策,但这些政策的针对性不强,无法有效保障新能源和清洁燃料车辆的大力推广。在补贴逐步退坡直至取消的趋势下,一方面仍需要进一步制定完善补贴政策、路权政策、用地政策、价格政策等针对性强的政策,打好政策组合拳;另一方面需要加强政策执行力度,确保政策实施效果,综合采用科技创新、宣传教育、市场机制等手段加大新能源和清洁燃料汽车推广力度。

(3)配套产业链条有待完善。目前整个电动汽车产业链条还存在诸多短板,如京津冀区域的电动汽车充电基础设施供不应求,无法满足日益增长的充电需求;尚无专业的维修站对电动汽车进行后续维护,消费者还存有一定的后顾之忧;为减少充电时间过长带来的不便,换电模式成为新兴热门的充电模式,但是由于蓄电池接口不统一等问题,更换蓄电池的运营模式尚不成熟,无法提供规模化的充换电服务。整个电动汽车配套产业链条的不完善导致了新能源车推广存在很多难点,京津冀区域的道路运输清洁化进程被延缓。

7.3.2 典型省(区、市)新能源重型货车推广路径

综合各车型预测方法和现状数据预测的内蒙古自治区2020—2050年车辆运输装备保有量如图4-3所示。从中可以看出,内蒙古自治区车辆保有量约在2042年达到峰值,峰值约为1080万辆。其中小客车是车辆的主体,占比在80%左右。随着社会经济的发展,货运需求不断提升,货车占比也在稳步提升。结合国内外研究经验及主流车辆制造行业技术研发现状,保守估计新能源重型货车比例到2025年为5%。如图4-4所示,到2050年新能源货车占比将超过50%。

7.3.3 典型省(区、市)新能源货车推广路径的软件实现

内蒙古自治区新能源货车推广模型针对传统柴油车、纯电动汽车、氢燃料电池车三类车型,通过环境要素及成本要素两方面的对比,结合内蒙古自治区相关规划目标,研究重型货车的推广路径。采用基于浏览器/服务器(B/S)的应用结构。在B/S结构方式下,用户端使用Web浏览器即可完成各项操作,无须额外安装任何客户端软件。统一的操作管理界面使得用户可在Web界面进行监控和管理。通过权限控制机制,权限清晰,用户操作安全。系统建设坚持统筹规划、有序发展的原则,克服无序、无规划的盲目发

展,以及无标准、低水平的重复建设,在规划的基础上,统一并加强标准化和规范化建设。

软件运行环境见表7-11,软件主要界面如图7-4所示。

软 件 运 行 环 境　　　　　　表7-11

设备名称	硬件环境	软件环境
客户端	CPU:i5+ 内存:8G 以上 硬盘:100G 以上	操作系统:Windows7 及以上版本 浏览器:Microsoft Internet Explorer 11+、 Google Chrome 浏览器
应用服务器	处理器:8 核心 内存:16G 硬盘:200G	操作系统:windowserver2012 中间件: tomcat
数据库服务器	处理器:16 核心 内存:32G 硬盘:1T	操作系统:centos7.5 数据库:mysql5.7 以上

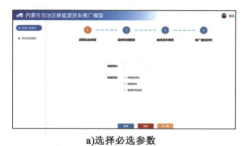

a)选择必选参数　　　　　　　　　　　　b)选择环境要素

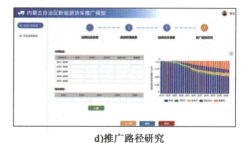

c)选择成本要素　　　　　　　　　　　　d)推广路径研究

图7-4　软件主要界面

7.4　大气污染物和二氧化碳协同控制效果评估

交通运输是大气污染物和二氧化碳排放的重点领域之一,协同控制是推动交通运输高质量和绿色低碳发展的重要途径。本节建立了基于排放因子的大气污染物和二氧化碳减排量核算方法,以柴油轻型货车为评估基准线,评估内蒙古自治区新能源物流车推广的协同控制效果。本节内容可为继续推广新能源物流车、创建绿色货运配送示范工程、改善城市空气质量、推动绿色低碳发展等工作提供支撑。

7.4.1 协同控制研究进展

大气污染物和温室气体的主要来源均是生产生活过程中消耗的化石能源,基本上同根、同源、同过程,具有强相关性,具备实施协同控制的前提条件。交通运输消费了大量的汽油、柴油等化石燃料,是大气污染物和温室气体排放的重点领域之一,在交通运输领域实施减污降碳协同控制意义重大。与发达国家的理论研究相比,我国已进入了协同控制实际行动阶段。我国率先将协同控制写入国家法律,2015年修订的《中华人民共和国大气污染防治法》第二条规定"对颗粒物、二氧化硫、氮氧化物、挥发性有机物、氨等大气污染物和温室气体实施协同控制",这为协同控制相关规划、政策的制定、出台和落实提供了法律依据。

在推动碳达峰碳中和、持续推进污染防治的新形势下,"减污降碳协同增效"的理念应运而生,并被写入《中共中央 国务院关于完整准确全面贯彻新发展理念做好碳达峰碳中和工作的意见》《中共中央 国务院关于深入打好污染防治攻坚战的意见》等顶层文件中,指导"十四五"及今后的绿色低碳发展工作。在生态环境部等七部门印发的《减污降碳协同增效实施方案》中,重点阐述了"推进交通运输协同增效"和"推进大气污染防治协同控制"。近年来,协同控制的评估方法不断完善,并率先在交通运输行业形成了团体标准。

7.4.2 新能源物流车推广现状及规划

(1)国家新能源物流车推广现状及规划。为推进城市绿色货运配送体系建设,交通运输部、公安部和商务部联合组织开展了城市绿色货运配送示范工程申报工作,2017年12月和2019年9月,先后确定了第一批、第二批共46个绿色货运配送示范工程创建城市,包括鄂尔多斯市在内的16个城市于2021年8月6日获得"绿色货运配送示范城市"称号。推广新能源物流车是其中最重要的举措之一。新能源物流车作为专用车的代表,推广效果显著,2020年我国新能源物流车保有量已达到43万辆,约占轻型货车保有量的2.1%和新能源汽车保有量的8.8%,我国目前已经成为世界上规模最大的新能源物流车产销国。

在国家和相关部委印发的重要规划文件中均对新能源物流车推广应用提出了明确的要求。如,《中共中央 国务院关于完整准确全面贯彻新发展理念做好碳达峰碳中和工作的意见》将"推广节能低碳型交通工具"作为"加快推进低碳交通运输体系建设"的重要内容;《国务院关于印发2030年前碳达峰行动方案》提出"推动运输工具装备低碳转型";国务院办公厅印发的《新能源汽车产业发展规划(2021—2035年)》中提出"2021年起,国家生态文明试验区、大气污染防治重点区域的公共领域新增或更新公交、出租、物流配送等车辆中新能源汽车比例不低于80%。"交通运输部印发的《综合运输服务"十四五"发展规划》提出"到2025年,有序建设100个左右城市绿色货运配送示范工程",并提出了城市物流配送领域新能源汽车占比从2020年的8%提高至2025年20%的目标。

(2)内蒙古自治区新能源物流车和推广现状及规划。"十三五"以来,内蒙古自治区加大了新能源物流车推广力度。一方面,在自治区政府和各盟市政府、相关部门、企业的共同努力下,新能源物流车保有量迅速提升,2021年已超过1800辆,约为2015年的34倍,2015—2021年内蒙古自治区新能源物流车保有量情况如图7-5所示。另一方面,受寒冷天气、政策和资金支持不足、基础设施建设滞后等因素影响,内蒙古自治区新能源物流车推广进程相对缓慢,2020年新能源物流车占轻型货车比例不足1%,低于全国平均水平。

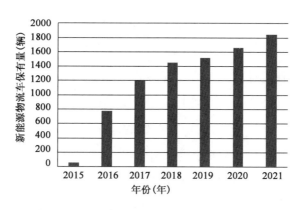

图7-5 2015—2021年内蒙古自治区新能源物流车保有量变化趋势

鄂尔多斯市的新能源物流车推广在自治区处于领先地位。鄂尔多斯市在绿色货运配送示范工程创建过程中非常注重新能源物流车的推广应用,通过对新能源配送车辆运营配送中心建设、末端配送站建设、绿色配送平台建设、先进组织模式推广应用等方面给予资金支持,制定新能源配送车辆便利通行政策,构建鄂尔多斯市城市绿色货运配送运行监测平台和充电桩信息平台等多项举措,取得了显著的效果。截至2020年底,新增新能源城市配送车辆数量占全部新增和更新城市配送车辆的55%,城市配送新能源纯电动货车保有量与充电桩总量的比值达1:4。

为加快内蒙古自治区新能源物流车的推广应用,自治区政府和相关部门在相关规划文件中提出了相关要求和目标。如,《内蒙古自治区国民经济和社会发展第十四个五年规划和2035年远景目标纲要》中指出"构建绿色流通链";内蒙古自治区人民政府办公厅印发的《内蒙古自治区"十四五"综合交通运输发展规划》中提出"到2025年,城乡配送体系绿色高效,创建1~2个绿色配送示范城市"。

7.4.3 协同控制评估方法

(1)评估范围和基线。协同控制的评估范围为直接排放,不包括使用电力产生的间接排放。综合考虑内蒙古自治区新能源物流车中纯电动轻型货车占绝大多数的实际情况,本书选取国Ⅴ轻型柴油货车为评估基线。

(2)评估因子。根据轻型柴油货车的排放特征,确定一氧化碳(CO)、碳氢化合物(HC)、氮氧化物(NO_x)、细颗粒物(PM2.5)四种大气污染物和二氧化碳(CO_2)为评估因子。

(3)评估方法。本研究采取排放因子法评估内蒙古自治区推广新能源物流车的大气污染物和温室气体协同控制效果,计算公式如下:

$$E_i = A \times (C_{柴,i} - C_{电,i}) \tag{7-1}$$

式中,E_i为推广新能源物流车对i大气污染物或CO_2的减排量,t/年;A为新能源物流车的推广数量,辆;$C_{柴,i}$为国Ⅴ轻型柴油货车i大气污染物或CO_2排放系数,kg/(辆·年);$C_{电,i}$为新能源物流车i大气污染物或CO_2排放系数,kg/(辆·年),在此均取0。参考《道路机动车大气污染物排放清单编制技术指南(试行)》,国Ⅴ轻型柴油货车的大气污染物排放系数计算公式如下:

$$C_{柴,i} = EF_{柴} \times VKT_{柴} \times 10^{-6} \tag{7-2}$$

式中,$EF_{柴}$为国Ⅴ轻型柴油货车行驶单位距离尾气所排放的污染物的量,g/km;$VKT_{柴}$为国Ⅴ轻型柴油货车的年均行驶里程,km/辆。

参考《陆上交通运输企业温室气体排放核算方法与报告指南(试行)》,国Ⅴ轻型柴油货车的CO_2排放系数计算公式如下:

$$C_{柴,CO_2} = NCV_{柴} \times VKT_{柴} \times OC_{柴} \times \rho_{柴} \times CC_{柴} \times OF_{柴} \times \frac{44}{12} \times 10^{-5} \tag{7-3}$$

式中，$NCV_柴$ 为柴油的平均低位发热量，100 万 kJ/t；$OC_柴$ 为国 V 轻型柴油货车的 100km 燃油量，L/100km；$\rho_柴$ 为柴油的密度，为 0.84t/m³；$CC_柴$ 为柴油的单位热值含碳量，t 碳/100 万 kJ；$OF_柴$ 为柴油的碳氧化率，%；$\frac{44}{12}$ 为二氧化碳与碳的分子量之比。

（4）系数确定。参考《道路机动车大气污染物排放清单编制技术指南（试行）》《陆上交通运输企业温室气体排放核算方法与报告指南（试行）》等文件，确定推广新能源物流车的大气污染物和二氧化碳的减排系数。

7.4.4 推广新能源物流车的协同控制效果

新能源物流车推广潜力较大。随着蓄电池续驶里程等关键技术的突破，在内蒙古自治区各级政府和部门的高度重视和支持下，参与绿色配送示范盟市数量将不断增多，在加快淘汰超标和老旧物流车、便利通行、财政补贴、基础设施建设等多项政策措施的叠加作用下，内蒙古自治区新能源物流车也将迎来快速发展的黄金期。

协同控制效果将更加显著。在新能源物流车的推广带动下，内蒙古自治区各盟市物流配送车辆构成将进一步清洁化，不仅有助于推动交通运输领域高质量发展，同时对于促进城市空气质量改善、降低碳排放将发挥积极作用。未来，随着充分发挥当地的风光资源优势，推动电力生产的清洁化和低碳化，新能源物流车将成为绿电的重要消纳对象，有助于在更广泛的层面上推动绿色低碳发展工作的顺利开展。

优化便利通行政策。鼓励各盟市立足实际，打造适宜新能源汽车推广应用的城市交通运行环境，适度放开新能源城市配送车辆在市区的通行权，对经过备案、统一标识、统一编号的绿色货运配送新能源车辆不限行。根据城市货运配送需求分布特征，分析物流配送的重要区域和高峰时段，设置新能源物流车专用停车位，给予限时免费或优惠停车。

完善财政支持政策。以提高新能源物流车使用为出发点，由新能源物流车购置补贴转向运营阶段的财政支持政策，给予新能源车辆充电桩建设、运营补贴，在核算年行驶里程的基础上分车型给予阶梯奖补，充分发挥财政资金的引导作用，构建创造更加宽松的市场环境。

加快基础设施建设。根据新能源物流车的续驶里程，结合物流企业运营数据，从土地保障、电网支撑等角度优化充电基础设施规划布局，在物流园区、大型卖场、末端配送站等点位优先布设充电桩，逐步缩小充电基础设施服务范围，形成完善的基础设施网络。

7.5 节能低碳型交通工具推广策略建议

（1）加快普及电动汽车，逐步扩大新能源车辆和燃油车辆使用成本梯度。落实国家电动汽车充换电设施用电扶持性电价政策，出台电动汽车路权优先、停车优先等激励政策。推动新能源、清洁能源、可再生合成燃料等在中、重型货车中的应用。制定新能源、清洁能源、可再生合成燃料中重型货车推广计划，推进氢气制备、存储、运输、应用一体化规模产业化发展。

（2）推动铁路装备升级，稳步推进铁路电气化改造。实施铁路减污降碳工程，逐步推进老旧铁路机车和铁路装备的整治更新。推进交通枢纽场站机械和作业车辆新能源化。推动民用运输机场场内车辆使用新能源车辆，开展飞机辅助动力装置替代设备应用。

（3）新能源重型货车推广。结合产业结构和人口布局完善区域清洁燃料汽车发展规划，细化氢能源发展、加氢站布局和电动货车的阶段目标。支持新能源重型货车关键技术及装备研发，加大财政补贴，降低销售运营成本。探索高速公路通行及停车差异化收费、路权优先，提高使用便捷程度。

（4）新能源城市物流配送车辆推广。优化便利通行条件，适度放开新能源城市配送车辆在市区的通行权，设置新能源物流车专用停车位，给予限时免费或优惠停车。以绿色货运配送示范城市创建为契机，加快新能源物流车的推广应用。

第8章 典型省(区、市)充换电及加氢基础设施布局路径研究

8.1 典型省(区、市)代表性路段交通流量调查

8.1.1 研究概述

充换电及加氢基础设施建设是推动新能源车辆发展的助推剂,也是实现交通运输行业绿色低碳发展的具体措施。2020年3月4日,中央政治局常务委员会明确将新能源汽车充电桩纳入七大新基建行列之一。2020年5月22日,李克强总理代表国务院在十三届全国人大三次会议上作《政府工作报告》,充电桩、换电站等设施被列入新型基础设施建设发展重点。2020年10月20日,国务院印发《新能源汽车产业发展规划(2020—2035年)》(国办发〔2020〕39号),提出到2025年新能源汽车销售量达到汽车新车销售总量的20%,并要求大力推进充换电网络建设。

截至2020年,内蒙古自治区小型客车保有量为502万辆,其中汽油汽车占98%,电动汽车占1%,混合动力汽车占1%。根据预测,2025年小型客车电动汽车达到8%,到2030年达到28%。根据电动汽车推广应用要求,提出充换电基础设施建设规划,以典型路段为试点,开展充换电基础设施建设示范应用,为充换电基础设施建设提供借鉴,为新能源汽车推广应用提供支撑。

围绕内蒙古自治区高速公路充换电及加氢设施布局规划问题,提出一种考虑动态充换电、加氢需求的双层优化模型。下层模型基于动态交通流均衡模型,在多用户行驶及充电行为仿真的基础上,得到均衡状态下的充换电、加氢需求时空分布。上层模型以投资运营商的总成本最小为目标,考虑服务水平约束,对充换电、加氢设施位置及容量进行

优化。

综合运用多学科知识,采用理论与实践相结合、全面与局部突破相结合的研究方法。①文献查找:搜集文献资料,总结现有的研究成果并归纳存在的不足。②数据收集与分析:设计不同场景进行充换电、加氢、路径和停留选择偏好调查;基于路网历史流量分析路网交通流变化特征;收集服务区信息,包括规模、设施、功能等现状数据。③优化建模:利用动态规划、多目标优化等方法,构建服务区充电设施配置优化模型,并设计求解算法。④实际应用:针对实际高速路网进行案例研究。

8.1.2 典型路段基本情况

(1) G6 京藏高速公路于 2005 年全线通车,起止桩号 K284～K1018,覆盖里程为 734km。G6 京藏高速公路内蒙古段共设 14 对服务区(含停车区),分别为:兴和、卓资山、榆林(停车区)、呼和浩特西、哈素海、沙尔沁(停车区)、包头、白彦花(停车区)、乌拉山、西小召(停车区)、临河、临河新、磴口(停车区)、乌海服务区。

(2) G65 包茂高速公路于 2020 年全线通车,起止桩号 K000～K170,覆盖里程为 170km。G65 包茂高速公路内蒙古段共设 2 对服务区,分别为:响沙湾、成陵服务区。

(3) G7 京新高速公路总里程近 950km,内蒙古段共设 11 对服务区,分别为:红古尔玉林、乌力吉、呼和包斯格、哈尔苏海、雅干、额济纳旗、赛汉陶来、风雷山、黑鹰山、青山、纳林湖服务区。

内蒙古自治区 G6/G65 高速公路流量变化情况见表 8-1,G7 高速公路流量变化情况见表 8-2。

内蒙古自治区 G6/G65 高速公路流量变化情况　　　　表 8-1

	服 务 区	车 道 数	日均车流量
G6 京藏高速公路	兴和服务区	双向 4 车道	1271 辆/日
	卓资山服务区		3536 辆/日
	呼和浩特西服务区	双向 8 车道	1337 辆/日
	哈素海服务区		2545 辆/日
	包头服务区		2004 辆/日
	临河服务区	双向 4 车道	778 辆/日
	乌海服务区		1690 辆/日
G65 包茂高速公路	响沙湾服务区	双向 6 车道	1143 辆/日

内蒙古自治区 G7 高速公路流量变化情况　　　表 8-2

名　　称	G7	
	巴彦淖尔段	阿拉善段
建设年限	2017 年交工	2017 年交工
起止点位	K892+216～K1023+526	K1023+526～K1823+073
覆盖里程(km)	130.66	814
服务区数量及名称	2	9
车道数	4	4
日均车流量	1134	583
车型分布	客车(1～4型)占比68.89%； 货车(1～6型)占比30.85%； 专项作业车(1～6型) 占比0.26%	客车(1～4型)占比56.59%； 货车(1～6型)占比41.85%； 专项作业车(1～6型) 占比1.56%

8.1.3　充换电基础设施布局现状

内蒙古自治区典型路段充电桩布设现状见表 8-3。

内蒙古自治区典型路段充电桩布设现状　　　表 8-3

序号	路段名称	服务区名称	布局方式	充电桩数量	充电设备
1	G6 京藏 高速公路	兴和服务区	双站/双向	2×2	150kW 双枪 4 台
2		卓资服务区	双站/双向	2×2	180kW 双枪 4 台
3		呼和浩特西服务区	双站/双向	2×3	60kW 三枪 2 台
4		哈素海服务区	双站/双向	2×2	180kW 双枪 4 台
5		包头服务区	双站/双向	2×2	180kW 双枪 4 台
6		临河服务区	双站/双向	2×2	180kW 双枪 4 台
7		乌海服务区	双站/双向	2×2	180kW 双枪 4 台
8	G65 包茂 高速公路	响沙湾服务区	双站/双向	2×2	150kW 双枪 4 台
合计				34 台	180kW 双枪 20 台 150kW 双枪 8 台 60kW 三枪 2 台

8.1.4 典型省(区、市)未来新能源重型货车变化预测

对于重型货车而言,欧美等发达国家汽车产业增长趋势表明,在人均 GDP 达到 2.5 万美元之前,商用车保有量一直呈近似线性增加的趋势;在人均 GDP 达到 2.5 万美元后,重型货车保有量出现了下降或者加速增长的趋势。近年来国内统计数据显示,重型货车保持了较为稳定的增长势头,本研究基于多年历史数据采取了趋势外推的方法对其总保有量进行预测。根据 4.2 节典型省(区、市)碳减排预测基础数据分析及预测结果,内蒙古自治区车辆保有量约在 2042 年达到峰值,峰值约为 1080 万辆。其中小客车是车辆的主体,占比在 80% 左右。随着社会经济的发展,货运需求不断提升,货车占比也在稳步提升。结合国内外研究经验及主流车辆制造行业技术研发现状,保守估计新能源重型货车比例到 2025 年为 5%,到 2050 年新能源货车新车占比将超过 50%。

8.2 高速公路充换电及加氢基础设施布局方法学

8.2.1 模型基本参数

以混合交通流(电动汽车和燃油车)下建设有充电设施的城际公路为背景。定义网络 $G(N,A)$。$N=\{R,S\}$ 为节点集合,包括流入/流出节点和分流/合流节点,$n \in N$。R、S 分别为网络中起讫点集合,$r \in R, s \in S$。(r,s) 定义为 OD 对。A 为网络中路段集合,$a \in A$。$M=\{m|e,g\}$ 为车辆类型集合,包含电动汽车 e 和燃油车 g。考虑城际公路网络特性,充电站备选集为 ϕ。$m^* = \{g^* = g_{rs,k}^{,t}, e^* = e_{rs,k}^{,t}\}$ 指在 t 时刻出发,选择路径 k 通过 (r,s) 的燃油车和电动汽车。

动态的充电需求和建设方案是设施布局模型的关键输入。因此,考虑时变的出行需求和车辆路径选择行为,研究将仿真时段 T 等分为 S' 个子时段,步长为 $\Delta t = T/S'$,采用基于动态交通流分配的动态仿真得到充电需求的时空分布。设 Y 为充电站建设集合,y 为充电站规划布局方案;$K_{rs}^m(y)$ 为 y 方案下的多用户有效路径集合。下层模型和上层模型中各参数的含义及参数设置见表 8-4。选址模型参数表见表 8-5。

下层模型和上层模型中各参数含义及设置 表 8-4

参数	参 数 含 义
动态仿真模型	
S_1	电动汽车行驶途中车辆 SOC(State of Charge, 荷电状态)下限(30%)
S_2	电动汽车离开路网时车辆所需 SOC 下限(50%)
Ω	放大系数(2)
U	电动汽车蓄电池电压(380V)
Q	蓄电池总容量(60kW·h)
a^m	m 类车辆当量小汽车系数(1)
$\alpha^{rs,m}$	m 类车辆通过 OD 对 (r,s) 的行驶的时间价值(34 元/h)
$\beta^{rs,m}$	m 类车辆通过 OD 对 (r,s) 的能耗价值(电动汽车 0.488 元/km;燃油车 1.0 元/km)
$\gamma^{rs,m}$	m 类车辆通过 OD 对 (r,s) 的充电服务的时间价值(34 元/h)
l_{a_x}	路段 a_x 的长度
$l_{rs,k}$	OD 对 (r,s) 间,路径 k 的长度
l_{rs}^*	OD 对 (r,s) 间,最短路径长度
C_a	路段 a 的通行能力
路径选择模型	
$C_{rs,k}^{m,t}$	t 时刻,车辆 m^* 的广义出行费用
$S_n^{e^*}$	电动汽车 e^* 到达节点 n 时车辆 SOC
$\tau_{a_x}^{m,t}$	t 时刻,m 类车辆通过路段 a_x 的行驶时间
$\bar{v}_{a_x,t}$	t 时刻,车辆通过路段 a_x 的平均速度
$H_{n_1,n_2}^{m,t}$	t 时刻出发,m 类车辆从节点 n_1 到达节点 n_2 的能耗
$H_{a_x}^{m,t}$	t 时刻出发,m 类车辆通过路段 a_x 的能耗
$h^m(\bar{v}_{a_x,t})$	平均速度 $\bar{v}_{a_x,t}$ 下,m 类车辆的能耗因子
$\delta_{rs,k}^{a_x}$	判断路段 a_x 是否在 (r,s) 间路径 k 上的 0-1 变量, 当路段 a_x 在路径 k 时,$\delta_{rs,k}^{a_x}=1$,否则 $\delta_{rs,k}^{a_x}=0$
$\rho_{rs,k}^{c_i}$	判断充电站 c_i 是否在 (r,s) 间路径 k 上的 0-1 变量, 当充电站 c_i 不在路径 k 时,$\rho_{rs,k}^{c_i}=0$
$r_{c_i}^{e^*}$	判断路径 k 中选择 c_i 是否可行的 0-1 变量, 当路径 k 选择 c_i 充电可行时,$r_{c_i}^{e^*}=1$,否则 $r_{c_i}^{e^*}=0$
充电仿真模型	
$T_{p_{c_i}^j}^t$	t 时刻,充电站 c_i 内充电桩 $p_{c_i}^j$ 的剩余工作时间
$T_{c_i}^t$	t 时刻,充电站 c_i 最小剩余工作时间

续上表

参数	参 数 含 义
$p_{c_i}^{*,t}$	t 时刻,充电站 c_i 内具有最小剩余工作时间的充电桩
$t_{wc_i}^{e^*}$	电动汽车 e^* 在充电站 c_i 的排队等待时间
$t_{cc_i}^{e^*}$	电动汽车 e^* 在充电站 c_i 的充电时间
$t_{sc_i}^{e^*}$	电动汽车 e^* 在充电站 c_i 的总服务时间
流量传输模型变量	
X_a^t	t 时刻,路段 a 上车辆数
$X_a^{m,t}$	t 时刻,路段 a 上 m 类型车辆数
$v_a^{m,t}$	t 时刻,路段 a 上 m 类型车辆的流入率
$u_a^{m,t}$	t 时刻,路段 a 上 m 类型车辆的流出率
$v_{rs,k}^{m,t}$	t 时刻,OD 对 (r,s) 中选择路径 k 的 m 类型车辆流入率
$u_{rs,k}^{m,t}$	t 时刻,OD 对 (r,s) 中选择路径 k 的 m 类型车辆流出率
d_a^t	t 时刻,路段 a 上接受充电服务的车辆数,包括排队车辆和充电车辆

选址模型参数表　　　　　　　　　　　　　　　　　　　　表 8-5

参数	参 数 含 义
ϕ	高速服务区集合
Y	充电站建设集合
y	充电站规划布局方案
$K_{rs}^m(y)$	y 方案下,多用户有效路径集合
ε	资本回收系数
μ	利率(6.8%)
s	资本回收期限(10 年)
$p_{\min}$	充电桩的最小建设数量(4 个)
$p_{\max}$	充电桩的最大建设数量(15 个)
c_{cs}	单位充电站建设费用(200 万元/个)
c_{ch}	单位充电桩建设费用(5 万元/台)
c_{tr}	单位容量配电设备成本[357.29 元/(kV·A)]
c_{con}	10kV 架空线路每千米工程造价(20.01 万元/km)
K_{ch}	充电同时率(0.7)
P_{ch}	快充桩额定输出功率(30kW)

续上表

参数	参数含义
$L_{\max}$	充电站日最大负载率(0.8)
α_{cs}	充电站内,充电负荷与总负荷之比(0.85)
η_{ch}	充电桩工作效率(90%)
$\cos\phi_{ch}$	充电桩功率因数(0.95)
d_i	站点 i 距离变电站的距离(1km)
K_{line}	避免线路冗余投资的路线调整系数(0.2)
c_p^*	用电电价[0.76元/(kW·h)]
P_{es}^{av}	充电站配电设备平均负荷(15kW)
c_{hr}^0	单位充电桩年平均人力成本(1.2万元)
c_m^0	单位变压器容量的年平均管理成本[59.2元/(kV·A)]
ρ^{av}	日工作时间转换为年工作时间系数(365天)
T_{wait}^w	充电站内车辆等待时间阈值(20min)
$f_{rs,k}^{m,t}(y)$	y 方案下 m^* 流量分配结果
$C_{rs,k}^{m,t}(y)$	y 方案下 m^* 用户广义出行费用
$y_i(y)$	判断服务区 i 在 y 方案下是否建站的0-1变量, 若建站则 $y_i(y)=1$,否则 $y_i(y)=0$
$p_i(y)$	服务区 i 在 y 方案下充电桩的建设数量
$S_i^{ET}(y)$	充电站 i 的变压器容量
$T_{cs,i}^{av}(y)$	充电站 i 内年工作总时间
$t_{i,\text{wait}}(y)$	充电站 i 内车辆平均等待时间
y_i	判断服务区是否建站的0-1变量,若建站则 $y_i=1$,否则 $y_i=0$
p_i	服务区 i 内充电桩的建设数量
$\psi_{c_i}^{e^*}$	判断路径 k 中选择充电站 c_i 是否可达的0-1变量, 当路径 k 选择 c_i 充电可达时,$\psi_{c_i}^{e^*}=1$,否则 $\psi_{c_i}^{e^*}=0$

8.2.2 模型结构

针对城际公路网络充电设施资源动态配置的问题,构建双层优化模型,如图8-1所示。上层构建充电设施布局优化模型,优化城际公路网络中充电站位置及充电桩数量。为获取动态充电需求分布,下层构建基于链路传输的动态交通流分配模型,通过对多用户的路径选择行为、充电行为和传输过程进行仿真建模,实现车辆、路网和充电设施之间的信息交互,最终将全天电动汽车能耗需求分布以及充电设施工况反馈至上层。

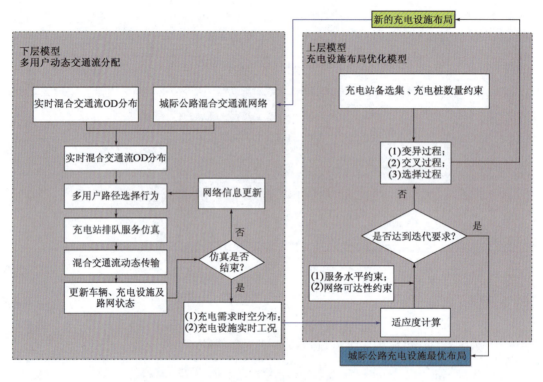

图8-1 双层优化模型框架

1) 下层模型

(1) 有效路径集合。结合Dijkstra算法和深度优先算法构建各OD对间的所有有效路径集合,最后参考式(8-1)筛选得到全体路径,即燃油汽车有效路径:

$$l_{rs,k} \leq \Omega \cdot l_{rs}^* \tag{8-1}$$

考虑驾驶员里程焦虑和离开城际公路网络后的二次出行需求,研究分别对电动汽车行驶途中和离开路网时的SOC提出阈值约束,具体如式(8-2)~式(8-4)所示。

$$S_{c_{i1}}^{e*} = S_r^{e*} - 100 H_{r,c_{i1}}^{e,t}/(U \cdot Q) \tag{8-2}$$

$$S_s^{e*} = S_{c_{i2}}^{e*} - 100 H_{c_{i2},s}^{e,t}/(U \cdot Q) \tag{8-3}$$

$$r_{c_i}^{e*} = \begin{cases} 1, S_{c_{i1}}^{e*} > S_1, S_s^{e*} > S_2 \\ 0, 其他 \end{cases} \quad c_i \in \{c_1, c_2, \cdots, c_n\} \tag{8-4}$$

式(8-2)、式(8-3)分别计算车辆从起点到达充电站时的 SOC 和从充电站到达终点时的 SOC。基于式(8-4),得到满足能耗约束的电动汽车有效路径集合。

(2)多用户路径选择行为建模。考虑用户间的感知差异和 IIA 特性的影响,采用 PSL 离散选择模型构建瞬时型出行阻抗函数,实现多用户路径选择行为与路网状态的信息动态交互过程。考虑充电需求、时间价值和能耗价值的不同,分别对电动汽车和燃油汽车广义出行费用进行计算。

$$C_{e^*} = \sum_{a_x \in A_k}(\alpha^{rs,e} \cdot \tau_{a_x}^{e,t} + \beta^{rs,e} \cdot H_{a_x}^{e,t}) \cdot \delta_{rs,k}^{a_x} + \sum_{c_i \in C_k}(t_{wc_i}^{e^*} + t_{cc_i}^{e^*}) \cdot \gamma^{rs,e} \cdot \rho_{rs,k}^{c_i} \cdot r_{c_i}^{e^*}$$
$$\forall r \in O, s \in D, k \in K_{rs}^e, t \in T \tag{8-5}$$

$$C_{g^*} = \sum_{a_x \in A_k}(\alpha^{rs,g} \cdot \tau_{a_x}^{g,t} + \beta^{rs,g} \cdot H_{a_x}^{g,t}) \cdot \delta_{rs,k}^{a_x} \quad \forall r \in O, s \in D, k \in K_{rs}^e, t \in T$$
$$\tag{8-6}$$

$$H_{a_x}^{m,t} = h^m(\bar{v}_{a_x,t}) \cdot l_{a_x} \quad \forall a_x \in A_k, t \in T, m \in M \tag{8-7}$$

$$h^m(\bar{v}_{a_x,t}) = \begin{cases} 1.359/\bar{v}_{a_x,t} - 0.003\bar{v}_{a_x,t} + 2.981 \times 10^{-5}\bar{v}_{a_x,t}^2 + 0.218 & m = e \\ 125.015/\bar{v}_{a_x,t} - 0.097\bar{v}_{a_x,t} + 9.220 \times 10^{-4}\bar{v}_{a_x,t}^2 + 7.056 & m = g \end{cases} \tag{8-8}$$

(3)充电服务仿真。基于排队论,对有充电需求的电动汽车在充电站内的充电服务过程进行仿真。根据动态交通流随机用户均衡模型,得到各时段下充电需求的网络分布情况,并以此作为排队系统的输入。排队系统采用等待制,同时遵循先到先服务的规则。研究假设充电桩均为快充桩,服务时间指蓄电池从当前剩余电量充至满电状态所需的时间。基于 J. A. Mas 所提出的蓄电池充电可接受电流定律,充电时间计算公式如下:

$$t_{cc_i}^{e^*} = 50\ln[(1 - S_{c_{i1}}^{e^*})/0.9371 + 1] \tag{8-9}$$

(4)动态交通流分配。构建基于链路传输的动态交通流分配模型以描述混合交通流时空分布规律。从驾驶人的角度出发,目标函数为最小化的用户出行成本,如式(8-10)所示:

$$\min \sum_{rs} \sum_{k \in K_{rs}} \sum_{t \in T}(C_{g^*} + C_{e^*}) \tag{8-10}$$

在任意时刻,路网中各路段流量变化守恒,如式(8-11)~式(8-13)所示。需要特别指出,考虑到电动汽车充电行为发生在服务区内,对路网交通状态不造成影响,如式(8-13)所示。式(8-14)为节点流量守恒约束。式(8-15)、式(8-16)为流量传播约束。此外,还存在其他一般约束。式(8-17)为初始化约束。式(8-18)~式(8-20)为路段流量守恒约束。式(8-21)为非零约束。

$$X_a^t = X_a^{e,t} + X_a^{g,t} \quad \forall a \in A, t \in T \tag{8-11}$$

$$X_a^{g,t} = X_a^{g,t-1} + (u_a^{g,t} - v_a^{g,t})T/S \quad \forall a \in A, t \in T \tag{8-12}$$

$$X_a^{e,t} = \begin{cases} X_a^{e,t-1} + (u_a^{e,t} - v_a^{e,t})T/S & a \notin A_c \\ X_a^{e,t-1} + (u_a^{e,t} - v_a^{e,t})T/S + d_a^{t-1} - d_a^t & a \in A_c \end{cases} \quad \forall a \in A, t \in T$$

$$\tag{8-13}$$

$$\sum_{a \in EE(n)} v_a^{m,t} = \sum_{s \in D} \sum_k f_{ns,k}^{m,t} + \sum_{a \in ES(n)} u_a^{m,t} \tag{8-14}$$

$$\sum_{m \in M} v_a^{m,t+\tau_a^{m,t}} = \frac{\sum_{m \in M} u_a^{m,t}}{1 + (\tau_a^{m,t} - \tau_a^{m,t-1})/(T/S)} \quad \forall a \in A, t \in T \tag{8-15}$$

$$\sum_{m \in M} v_a^{m,t+\tau_a^{m,t}} = \begin{cases} C_a & \tau_a^{m,t} > t_a^m \\ \sum_{m \in M} u_a^{m,t} & \tau_a^{m,t} \leqslant t_a^m \end{cases} \quad \forall a \in A, t \in T \tag{8-16}$$

$$X_a^{m,t} = 0 \quad \forall m \in M, a \in A \tag{8-17}$$

$$u_a^{m,t} = \sum_{rs} \sum_{k \in K_{rs}} u_{rs,k}^{m,t} \cdot \delta_{rs,k}^a \quad \forall m \in M, a \in A, t \in T \tag{8-18}$$

$$v_a^{m,t} = \sum_{rs} \sum_{k \in K_{rs}} v_{rs,k}^{m,t} \cdot \delta_{rs,k}^a \quad \forall m \in M, a \in A, t \in T \tag{8-19}$$

$$\sum_{k \in K_{rs}^m} u_{rs,k}^{m,t} = q_{rs,k}^{m,t} \quad \forall r \in O, s \in D, m \in M, t \in T \tag{8-20}$$

$$u_a^{m,t} \geqslant 0, v_a^{m,t} \geqslant 0, x_a^{m,t} \geqslant 0, \tau_a^{m,t} \geqslant 0 \quad \forall a \in A, m \in M, t \in T \tag{8-21}$$

2)上层模型

从投资运营商的角度出发,选址模型的优化目标为最小化的年平均充电设施建设成本 $c_{\text{EVCS}}(y)$、接电网成本 $c_{\text{S2G}}(y)$ 和运营维护成本 $c_{\text{OPER}}(y)$。同时,提出网络可达性和设施服务水平约束,以保证用户的出行满意度。

(1)建设成本。充电设施建设成本 $c_{\text{EVCS}}(y)$ 由两部分组成,如式(8-22)、式(8-23)所示:与建站数量有关的固定成本 $c_{\text{fix}}(y)$ 由是否建站 $y_i(y)$ 决定;与设施容量有关的可变成本 $c_{\text{var}}(y)$ 由充电桩数量和配电设备负荷共同决定。

$$c_{\text{EVCS}}(y) = c_{\text{fix}}(y) + c_{\text{var}}(y) = \sum_{i \in \phi} y_i(y) \cdot c_{\text{cs}} + \sum_{i \in \phi} [p_i(y) \cdot c_{\text{ch}} + S_i^{\text{ET}}(y) \cdot c_{\text{tr}}]$$

$$\tag{8-22}$$

$$S_i^{\text{ET}}(y) = \frac{p_i(y) \cdot K_{\text{ch}} \cdot P_{\text{ch}}}{L_{\max} \cdot \alpha_{\text{cs}} \cdot \eta_{\text{ch}} \cdot \cos\phi_{\text{ch}}} \tag{8-23}$$

(2)接电网成本。通过变电站接电网输送电能至城际公路网充电站,从而满足充电站的用能需求。根据充电站建设情况 $y_i(y)$ 和充电站与变电站距离 d_i 等因素,充电设施接电网成本 $c_{\text{S2G}}(y)$ 计算如式(8-24)所示。

$$c_{\text{S2G}}(y) = \sum_{i \in \phi} y_i(y) \cdot c_{\text{con}} \cdot d_i \cdot K_{\text{line}} \tag{8-24}$$

(3)运营维护成本。如式(8-25)所示,充电站年运营维护成本包括:①用电成本 $c_{\text{cs}}(y)$,由充电设施平均工作负荷 $P_{\text{cs}}^{\text{av}}$ 和年总工作时间 $T_{\text{cs},i}^{\text{av}}(y)$ 所决定。其中,通过下层模型得到各站内年服务车辆的充电时间,如式(8-9)所示;②人力工作成本 $c_{\text{hr}}(y)$,与站点充电桩数量相关;③设施维护管理成本 $c_m(y)$,与配电设备容量相关。

$$\begin{aligned} c_{\text{OPER}}(y) &= c_{\text{cs}}(y) + c_{\text{hr}}(y) + c_m(y) \\ &= c_p^* \cdot \sum_{i \in \phi} y_i(y) \cdot P_{\text{cs}}^{\text{av}} \cdot T_{\text{cs},i}^{\text{av}}(y) + \sum_{i \in \phi} p_i(y) \cdot c_{\text{hr}}^0 + \sum_{i \in \phi} S_i^{\text{ET}}(y) \cdot c_m^0 \end{aligned} \tag{8-25}$$

$$T_{\text{cs},i}^{\text{av},w}(y) = \sum_{t \in T_r} \sum_{R_s \in S_k} \sum_{K_{rs}^e} f_{rs,k}^{e,t,w}(y) \cdot t_{c_{c_i}}^{e*,w}(y) \cdot \rho^{\text{av}} \tag{8-26}$$

综上,设施选址模型的优化函数如式(8-27)所示。资本回收系数计算如式(8-28)所示:

$$\min_y \{\varepsilon \cdot [c_{\text{EVCS}}(y) + c_{\text{S2G}}(y)] + c_{\text{OPER}}(y)\} \tag{8-27}$$

$$\varepsilon = \frac{\mu \cdot (1+\mu)^s}{(1+\mu)^s - 1} \tag{8-28}$$

(4)设施服务水平约束。为保障电动汽车用户出行满意度和设施服务水平,对各站内充电车辆的平均等待时间进行约束。

$$t_{i,\text{wait}}(y) \leqslant T_{\text{wait}} \quad \forall i \in \phi, w \in \{1,2,\cdots,w^*\} \tag{8-29}$$

(5)网络可达性约束。为保证充电站网络布局的合理性,提出电动汽车城际出行可达性约束。如式(8-30)、式(8-31)所示,在极端的情况下(车辆 SOC 为 0),要求任意 OD 对 (r,s) 间,电动汽车可选择全体路径 K_{rs}^g 中的任意路径 k 完成出行。

$$\psi_{c_i}^{e*} = \begin{cases} 1, S_{c_{i1}}^{e*} > 0, S_s^{e*} > 0 \\ 0, \text{其他} \end{cases} \quad c_i \in \{c_1, c_2, \cdots, c_n\} \tag{8-30}$$

$$\sum_{c_i \in \{c_1,c_2,\cdots,c_n\}} \psi_{c_i}^{e*} \geqslant 1 \quad \forall r \in O, s \in D, k \in K_{rs}^g \tag{8-31}$$

8.2.3 模型算法

(1)动态交通流仿真(表8-6)。研究设计了基于迭代加权法的动态交通仿真算法,通过连续地调整网络流量分配,使系统达到随机用户均衡。

动态交通流仿真　　　　　　　　　　　　　　　　　　　表 8-6

步骤	算　法
1	构建多用户有效路径集合。循环 $t \in T$
2	根据上一时刻 $t-1$ 的路网和充电设施状态,更新各路径广义出行费用和选择概率,并对交通流进行动态推演,依次为新增流量分配、流量传输、排队充电。设置迭代次数 $n=1$
3	根据上一次迭代后的流量分布 $\{X_a^{t,(n)}\}$,以及网络中充电设施工况、路段负荷、车辆状态,重新计算燃油车和电动汽车的各路径广义出行费用和选择概率
4	对交通流进行动态推演,最终得到附加流量分布结果 $\{Y_a^{t,(n)}\}$
5	如式(8-32)、式(8-33)所示,采用迭代加权方法计算本次迭代后的路网流量分布 $\{X_a^{t,(n+1)}\}$: $$X_a^{t,(n+1)} = X_a^{t,(n)} + \lambda^{(n)} \cdot (Y_a^{t,(n)} - X_a^{t,(n)}) \quad (8\text{-}32)$$ $$\lambda^{(n)} = n/(1+2+3+\cdots+n) \quad (8\text{-}33)$$
6	(收敛检验)通过式(8-34)计算 $X_a^{t,(n+1)}$ 和 $X_a^{t,(n)}$ 的差值。若 gap 小于预设误差限值 ε,则得到当前时刻的均衡解;否则,令 $n=n+1$,返回步骤 3。 $$\text{gap} = \sqrt{\sum_{a\in A}(X_a^{t,(n+1)} - X_a^{t,(n)})^2} \Big/ \Big[\sum_{a\in A}(X_a^{t,(n)})\Big] \quad (8\text{-}34)$$

(2)遗传算法。充电设施布局模型采用遗传算法进行求解。为设施服务水平约束和网络可达性约束,本研究对传统遗传算法进行合理改进,算法见表 8-7。

遗　传　算　法　　　　　　　　　　　　　　　　　　　表 8-7

步骤	算　法
1	染色体编码。染色体为二维矩阵,包含两个决策变量:(1)是否建站,为 0-1 变量元变量,1 表示该服务区建设充电站,否则为 0;(2)充电桩数量,若建站,则该站内充电桩数在 $[p_{\min}, p_{\max}]$ 范围内选择
2	生成满足约束的初始种群
3	适应度计算。判断种群是否满足服务水平约束和网络可达性约束,作为表征个体优劣程度的指标,若满足,适应度函数选取为目标函数的倒数,否则为无限大惩罚值 M 的倒数
4	选择过程。采用轮盘赌算法进行种群选择
5	交叉过程。采用单点交叉进行染色体交叉,从而保证解的可行性
6	变异过程。采用满足约束的单点变异规则

8.3 典型省（区、市）代表性路段布局方案研究

8.3.1 路网基本参数

选取内蒙古自治区境内 G6、G7 和 G65 高速公路为实例，拓扑网络如图 8-2 所示，包含 75 个节点、78 个路段。取 2019 年 7 月 2 日全天 15min 为间隔的交通流量为研究对象。仿真时间设置为 $[0,T]=[0,24\mathrm{h}]$，单位步长为 $t=15\mathrm{min}$，共 $S=96$ 个时间段。电动汽车参数设置如下：$U=380\mathrm{V}$，$Q=60\mathrm{kW\cdot h}$，$S_1=30\%$，$S_2=50\%$，最远里程 450km。充电桩参数：$Z_2=Z_3=10$，$Z_6=Z_{10}=0.67$；其他参数：$a^e=a^g=1$，$\theta=1$，$a^{rs,e}=\gamma^{rs,e}=a^{rs,g}=34$ 元/h，$\beta^{rs,e}=0.488$ 元/km，$\beta^{rs,g}=1.0$ 元/km。单个加氢站费用为 1500 万元。对于外部节点，一方面承担了自身节点所产生的流量，另一方面承担了来在外部其他节点经过该节点的流量，如图 8-3 所示。因此，研究中考虑了对外节点的流量包括内部流量和外部流量两部分。

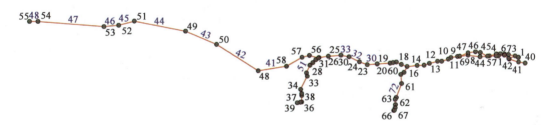

图 8-2　内蒙古自治区 G6、G7 和 G65 高速公路局域路网拓扑图

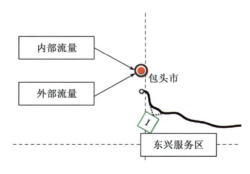

图 8-3　对外节点流量示意图

"十四五"期间,内蒙古自治区高速公路服务区 G6、G7 和 G65 段的充电桩建设计划见表 8-8。路网实时流量分布如图 8-4 所示,全天流量为 101364 辆。

高速公路充电网络建设情况　　　　　　表 8-8

建设时间（年）	服务区数量			
	G6 高速公路	G7 高速公路	G65 高速公路	整体
2020	5 个 沙尔沁停车区、白彦花服务区、西小召停车区、磴口停车区、榆林服务区	4 个 青山服务区、纳林湖服务区、呼和包斯格服务区、赛汉陶来服务区	2 个 响沙湾服务区、成陵服务区	9 个
2021	7 个 卓资山服务区、呼和浩特西服务区、哈素海服务区、包头服务区、临河服务区、乌海服务区兴和服务区	2 个 苏木山服务区、十八台服务区	—	9 个
2022	0 个	3 个 乌力吉服务区、哈尔苏海服务区、额济纳旗服务区	—	3 个
2023	0 个	4 个 呼和浩特东服务区、红古尔玉林服务区、雅干服务区、凤雷山服务区	—	4 个
2024	2 个 乌拉山服务区、临河新区服务区	2 个 黑鹰山服务区、青山服务区	—	4 个

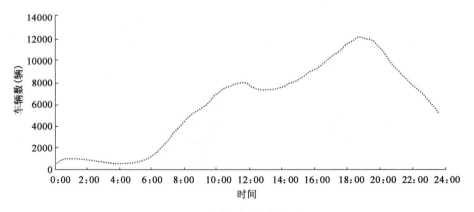

图 8-4　路网流量分布图

8.3.2 充电站布局方案

1) 内蒙古自治区高速公路服务区充电桩布局现状

根据内蒙古自治区高速公路服务区绿色出行"续驶工程"实施方案,已运营高速公路服务区新建充电桩要同时满足单侧至少2辆车辆充电需要,每个站点设置4个充电桩。基于当前已建设和在规划的服务区,设置场景见表8-9。

高速公路充电网络场景设置 表8-9

设置时间(年)	充电站数量(个)	充电桩数量(个)
2020	9	36
2021	18	72
2022	20	84
2023	25	100
2024	29	116

从充电设施网络的建设情况、布局成本、需求侧、供给侧进行网络状态评价。其中,建设情况包含充电站数量(个)和充电桩数量(个),以表示设施网络的布局规划情况。建设成本包含充电设施的建设成本(万元)、接电网成本(万元)和运维成本(万元),表示运营商的投资建设情况。需求侧方面,通过服务车辆数(pcu)、充电车辆数(pcu)以及车辆平均能耗(kW·h)来表示当前场景下电动汽车用户对高速公路途中充电的需求。供给侧方面,采用平均充电时间(min)、平均等待时间(min)、队长(pcu)和利用率,来表示当前充电网络的服务水平。其中,平均充电时间和平均等待时间用来反映各类型充电设施的服务水平,服务车辆数、桩平均使用次数、队长(pcu)用来评价充电设施的工作负荷。此外,为反映电量间的供需关系,统计充电设施服务时间与最大可工作时间总和的比值,该指标简称为充电设施利用率U。

不同场景下,通过仿真对各充电设施系统整体服务水平进行评价分析,结果见表8-10。充电设施的规模从2020年的9个充电站迅速增加至2021年的18个充电站,随后降低了建设速度,在2024年达到了29个充电站,共112个充电桩。随着电动汽车参与率的增加,电动汽车高速公路出行数量从5547辆增长至9686辆。高速公路途中充电车辆数从2020年的512辆迅速增加至2021年的955辆,占高速公路电动汽车出行的比例从9.2%增加至15.6%,随后保持约15%的电动汽车在途中进行充电。这是由于2021年充电设施网络规模的迅速扩大,增加了电动汽车出行的覆盖范围,吸引了更多的电动汽车用户产生途中充电需求。而在后期,充电设施网络规模的进一步扩大难以吸引更多的充电需求,应更加注重对充电服务水平和服务能力的提升。

充电设施网络状态评价体系   表8-10

指标		充电站场景(年)				
		2020	2021	2022	2023	2024
建设情况	充电站数量(个)	9	18	20	25	29
	充电桩数量(个)	36	72	80	100	112
布局成本	建设成本(万元)	2026	4053	4754	5604	6505
	接电网成本(万元)	36	72	84	100	116
	运维成本(万元)	3925	7314	8109	8235	10802
需求侧	服务车辆数(pcu)	5547	6063	7477	7749	9686
	充电车辆数(pcu)	512	955	1056	1073	1427
	车辆平均能耗(kW·h)	42.73	42.64	42.7	42.62	42.04
供给侧	平均充电时间(min)	18.18	18.15	18.17	18.14	17.92
	平均等待时间(min)	92.53	78.69	98.72	98.17	92.48
	队长(pcu)	37.42	55.52	72.15	74.79	88.05
	利用率	0.86	0.77	0.81	0.77	0.78

供给侧指标显示,当前的充电设施网络布局规划方案较好地满足了未来的充电需求,提供了较高的服务水平,保障了电动汽车用户高速公路出行的满意度。电动汽车用户的平均充电时间约18min,平均所需能耗约42kW·h。但等待时间均大于90min,服务水平较低;系统内设施利用率均在0.75以上,服务压力大。

2)内蒙古自治区高速公路服务区充电桩布局优化研究

对2024年所有站点的设施服务情况进行分析,结果见表8-11。卓资山服务区、呼和浩特西服务区、哈素海服务区、沙尔沁停车区、乌拉山服务区和成陵服务区内日均服务车辆数超过了100辆,设施利用率较高,服务水平较低,因此,需要对充电设施网络整体进行优化。

各个站点服务信息   表8-11

站点名称	所属高速公路	时间	现状					优化后				
			桩数(个)	服务车辆数(pcu)	平均等待时间(min)	平均队长(pcu)	利用率	桩数	服务车辆数(pcu)	平均等待时间(min)	平均队长(pcu)	利用率
榆林服务区	G6	2020	4	54	0.02	0.56	0.14	4	54	0.02	0.56	0.14

续上表

站点名称	所属高速公路	时间	现状					优化后				
			桩数(个)	服务车辆数(pcu)	平均等待时间(min)	平均队长(pcu)	利用率	桩数	服务车辆数(pcu)	平均等待时间(min)	平均队长(pcu)	利用率
沙尔沁停车区	G6	2020	4	274	162.03	30.17	7.54	10	532	20.4	13.29	1.33
白彦花服务区	G6	2020	4	6	0	0.06	0.02	4	7	0	0.07	0.02
西小召停车区	G6	2020	4	23	0	0.24	0.06	4	23	0	0.24	0.06
磴口停车区	G6	2020	4	41	0.31	0.44	0.11	4	41	0.31	0.44	0.11
兴和服务区	G6	2021	4	0	0	0	0	4	0	0	0	0
卓资山服务区	G6	2021	4	112	1.76	1.66	0.41	4	112	1.76	1.66	0.41
呼和浩特西服务区	G6	2021	4	244	162.28	15.15	3.79	8	208	21.18	4.96	0.62
哈素海服务区	G6	2021	4	175	50.35	8.11	2.03	6	201	5.12	3.09	0.52
包头服务区	G6	2021	4	89	1.29	1.33	0.33	4	74	0.7	0.97	0.24
临河服务区	G6	2021	4	15	0	0.16	0.04	4	15	0	0.16	0.04
乌海服务区	G6	2021	4	15	0	0.17	0.04	4	15	0	0.17	0.04
乌拉山服务区	G6	2024	4	104	0.16	1.19	0.3	6	106	0	1.21	0.2
临河新区服务区	G6	2024	4	13	0	0.14	0.03	4	13	0	0.14	0.03
响沙湾服务区	G65	2021	4	8	0	0.1	0.03	4	6	0	0.09	0.02

续上表

站点名称	所属高速公路	时间	现状					优化后				
			桩数（个）	服务车辆数（pcu）	平均等待时间（min）	平均队长（pcu）	利用率	桩数	服务车辆数（pcu）	平均等待时间（min）	平均队长（pcu）	利用率
成陵服务区	G65	2022	4	238	163.17	28.41	7.1	8	335	3.53	5.95	0.74
纳林湖服务区	G7	2020	4	3	0	0.03	0.01	4	3	0	0.03	0.01
赛汉陶来服务区	G7	2020	4	0	0	0	0	4	0	0	0	0
苏木山服务区	G7	2021	4	0	0	0	0	4	0	0	0	0
十八台服务区	G7	2021	4	13	0	0.15	0.04	4	13	0	0.15	0.04
乌力吉服务区	G7	2022	4	0	0	0	0	4	0	0	0	0
哈尔苏海服务区	G7	2022	4	0	0	0	0	4	0	0	0	0
额济纳旗服务区	G7	2022	4	0	0	0	0	4	0	0	0	0
红古尔玉林服务区	G7	2023	4	0	0	0	0	4	0	0	0	0
雅干服务区	G7	2023	4	0	0	0	0	4	0	0	0	0
风雷山服务区	G7	2023	4	0	0	0	0	4	0	0	0	0
呼和浩特东服务区	G7	2023	4	0	0	0	0	4	0	0	0	0
青山服务区	G7	2024	4	0	0	0	0	4	0	0	0	0
黑鹰山服务区	G7	2024	4	0	0	0	0	4	0	0	0	0
总网络			112	1427	92.48	88.05	0.78	130	1758	10.08	33.16	0.25

仅对充电桩数量进行优化,优化后,呼和浩特西服务区、哈素海服务区、沙尔沁停车区、乌拉山服务区和成陵服务区充电桩数分别增加至 8、6、10、6、8 个。系统内累计增加 14 个充电桩。优化前后的网络状态见表 8-12。对比发现,优化后,系统内平均等待时间由原先的 92.48min 下降至 10.08min,平均队长由 88.05 辆下降至 33.16 辆,设施整体的利用率由 78% 下降至 26%,系统整体服务能力和服务水平得到了较大的提升。

优化布局前后充电设施网络状态对比　　　　表 8-12

指标		场景	
		原始方案	优化后方案
建设布局	充电站数量(个)	29	29
	充电桩数量(个)	112	130
布局成本	建设成本(万元)	6505	6619
	接电网成本(万元)	116	116
	运维成本(万元)	10802	13226
需求侧	服务车辆数(pcu)	9686	10029
	充电车辆数(pcu)	1427	1758
	车辆平均能耗(kW·h)	42.04	41.76
供给侧	平均充电时间(min)	17.92	17.83
	平均等待时间(min)	92.48	10.08
	队长(pcu)	88.05	33.16
	利用率	0.78	0.26

8.3.3　加氢站布局规划研究

假设每个服务区建设 1 个加氢站用于氢源汽车用户高速公路途中加氢。基于当前已建设和在规划的服务区,设置场景见表 8-13。

高速公路加氢网络场景设置　　　　表 8-13

设置时间 (年)	加氢站数量 (个)	氢能源汽车占比 (%)
2022	21	1.0
2023	26	1.2
2024	29	1.5

不同场景下,高速公路加氢站设施网络状态见表8-14。氢源汽车用户从2022年的498辆增加至2024年的728辆。其中,需要加氢服务的车辆每日从104辆增加至153辆。供给侧指标显示,氢源汽车用户平均加氢时间约为5.7min,平均等待时间在1～3min之间,整体服务水平较高,保障了氢能源汽车的高速公路出行用能需求。

加氢站设施网络状态评价体系　　　　　　　　　　　表8-14

指　　标		加氢站场景(年)		
		2022	2023	2024
建设情况	加氢站数量(个)	19	23	27
布局成本	建设成本(万元)	28500	34500	40500
	运维成本(万元)	759.70	981.65	1119.22
需求侧	服务车辆数(pcu)	498	628	728
	加氢车辆数(pcu)	104	134	153
供给侧	平均加氢时间(min)	5.73	5.75	5.76
	平均等待时间(min)	1.03	2.64	3.23
	队长(pcu)	15.16	20.77	27.64

8.4　充换电及加氢基础设施布局建议

(1)针对不同类型用能主体,开展多种类的设施设备规划。近年来,随着城际交通发展迅猛,区域空间互联互通更加便捷,客货运输均显著增长。然而,现有的充电设施基本都以60kW和120kW为主,充电速度相对较慢,难以满足客货运的快速补能需求。因此,应针对不同用能主体,开展大功率充电设施、光储充一体化设施、新一代换电站、加氢站等新型能源补给设施的布局和建设。同时,各主体新能源基础设施建设较为独立,缺乏协调性和区域间的协同规划,过剩资源难以整合并向社会车辆服务,缺少面向多交通方式用能主体的综合配置。针对不同类型的新型基础设施,应分别指出对应的发展意见和方向,考虑不同基础设施间的影响和联动。

(2)充分挖掘不同新能源汽车用户的出行行为特征及用能需求分布。面向新能源汽车公路出行,挖掘用户活动、出行与用能三者之间的影响机理,分析行驶途中快速充电、换电、加氢等多种能源补给站对用户出行路径、方式选择、用能行为的影响,对用户出行和用能行为进行刻画,以精准估计不同类型能源需求的时空分布,为新型能源基础设施运行和规划奠定基础。

(3)开展能源-交通网络耦合下的能源补给设施布局规划。针对交通枢纽站、公路服务区、停车点等区域充电设施设备选址布局问题,以满足日常出行为基本原则,能够适应高峰出行的能源补给为原则,充分考虑新能源汽车与能源网络、交通网络之间的耦合互动关系,在能源-交通网络结构拓扑确定和满足建设时序、网络安全运行约束的条件下,协同车辆用户、能源服务商、能源拥有者和规制机构不同主体对补给站点的需求差异,以高效通行、削峰填谷、经济效益和综合成本为目标,开展新型能源设施建设位置、等级、容量的优化决策,制定分阶段多类型能源补给站规划。

(4)优化面向能源系统的有序充电策略及V2G调控策略。面向新型能源系统,在考虑新能源汽车的行驶及用能行为的基础上,开展考虑配电网系统运营水平的车辆有序充电优化策略研究,分析新能源汽车保有量、车辆特性、能源特性和配电网络结构等对能源系统的运行状态影响,以系统最优为目标对车辆充电时段、接入功率等进行优化。同时,针对电动汽车充放电控制技术的快速发展,考虑光伏、风力等分布式电源接入,开展车辆到社区微网、城市配电网系统到省级电力系统之间的智能互动研究,优化基于新能源汽车与电力系统、交通系统之间双向互动的协同运营策略。

8.5 充换电及加氢基础设施建设策略建议

(1)加快城际充换电、加气、加氢基础设施布局。新改建服务区、客货运枢纽同步建设或预留充换电、加气、加氢基础设施,已建服务区、客货运枢纽根据实际情况开展充换电、加气、加氢基础设施改扩建。鼓励支持氢能重型货车、矿用货车和加氢站一体化建设运营模式,推动加氢站连点成线、连线成网。

(2)推进城市充换电、加气、加氢基础设施建设。鼓励在现有各类建筑物停车场、公交车站、社会公共停车场和加油站等场所与充换电、加气、加氢基础设施一体化建设。将电动汽车充电、换电电量纳入电力市场,鼓励在重点城市开展V2G应用试点示范。

(3)加强充换电及加氢基础设施建设。建立新能源汽车车辆安全应急处理机制,探索建立区内动力蓄电池溯源监管系统。强化政策支持保障,创新信贷及保险对充换电、加氢站运营企业的支持,给予建设运营补贴,制定示范应用项目奖励政策,研究制定充换电、加氢相关标准。在物流园区、大型卖场、末端配送站、高速公路服务区等点位优先布设充电桩,形成完善的充换电基础设施网络。

第 9 章 绿色交通基础设施建设路径研究

9.1 绿色公路建设理念与实现方式

9.1.1 绿色公路概述

在公路的全寿命周期内,以创新、协调、绿色、开放、共享的新发展理念,最大程度地控制资源占用、降低能源消耗、减少污染排放、保护生态环境,注重建设品质提升与运行效率提高,为人们提供安全、舒适、便捷、美观的行车环境,以及与自然和谐共生的公路。

将可持续发展理念融入公路的设计阶段,开展全寿命周期技术经济论证及环境影响分析,采取科学、合理、灵活的设计措施,促进公路向更节能、更环保、更安全、更舒适的方向发展。在保证公路施工质量、安全等基本要求的前提下,通过新材料、新工艺、新技术、新设备的应用和管理创新,最大程度地保护生态环境、提高资源利用效率、降低能源消耗和减少污染物排放的施工活动。运用科学管理手段和先进检测、维修技术,在保证公路养护质量与安全的同时,显著降低资源占用、减少环境污染和能源消耗,实现公路长期高水平服役。

在公路全生命周期内,以保障质量和安全为前提,统筹节约利用资源;加强保护生态环境,注重自然和谐;实施创新驱动,达成科学高效;完善标准规范,推动示范引领;打造优美景观,拓展服务内容,在持续优化公路公共产品基本功能的同时,体现"以人为本"和"人与自然和谐共生"的可持续发展思想。

绿色公路包括三方面特征,一是绿色公路发展要涵盖公路建设全生命周期,统筹全过程;二是绿色公路在发展过程中各相关要素均衡协调,包括资源利用、节能减排、污染控制、生态影响、安全效率、美观舒适等各方面;三是绿色公路不仅自身全过程绿色,还充分考虑服务需求,强调全方位和谐发展。总体来看,绿色公路不仅包含了公路系统的内部优化问题,还包含了公路系统与外部系统的协调共生问题,较传统公路更具可持续性。

9.1.2 "双碳"背景下绿色公路实现方式

(1)科学合理规划,鼓励共线利用。首先,在公路网格规划和公路工程可行性研究阶段,要融入绿色公路建设思想与理念,要提高生态保护与恢复设计,重点加强公路路域自然地貌、原生植被、表土资源、湿地生态、野生动物等方面的保护设计和恢复设计。新建公路项目应科学合理规划,充分利用铁路、管线、水利设施和既有廊道资源,鼓励共用线位,结合区域路网规划预留远期升级改造空间,综合考虑土地利用、建设成本及沿线生产、生活影响等因素,充分利用原通道资源。其次,设计方案要统筹调配,合理划分施工标段,有效利用挖方及弃渣。再次,要注重前期总体设计和多学科联合,公路横纵断面设计应以"零弃方、少借方"为目标,避免大填大挖,以实现沿线设施的集中布设,资源的统筹利用,服务设施、绿色交通场站设施的灵活设置及服务功能完善,推动低碳运营。最后,还应加强设计方案比选,减少农田、草场、林地占用,优化路线、桥位、取弃土场、服务设施等布设方案,因地制宜采用"低路堤、浅路堑""宜桥则桥、宜隧则隧"等方案,保护土地资源;另外,要加强统筹设计,有效促进工程施工和后期维护。

(2)转变公路建设模式,持续推进资源高效利用。在绿色公路建造模式方面,要结合新型工业化建造模式,发展包括钢结构、装配式混凝土结构、高性能混凝土结构等在内的多种工业化建造模式,满足新时期工业化建造所必需的标准化设计,实现结构设计体系化、公路构件标准化、加工制作自动化、现场安装机械化以及建造运维信息化。在绿色公路工程材料和应用方面,应加快高性能工程材料研发和应用,重点推进高性能钢材、高强混凝土在重要结构工程中的应用,推进工程结构动力灾变机理、防灾减灾技术的研发;还应积极推广应用绿色节能技术,建设节能节水节电型绿色低碳服务区,要大力推广应用沥青路面再生技术,鼓励符合技术标准的隧道废渣、工业废料、建筑废渣用于路基填筑。

在绿色公路交能融合方面,减少不可再生资源使用,降低全寿命周期能耗和碳排放。根据所在地区的能源政策条件,结合工程用能特点,在服务区和公路沿线科学开发太阳能、风能、地热能等可再生能源,以分布式能源开发带动公路能源微网建设,提高公路系统的能源自洽率,打造(近)零碳公路、(近)零碳服务区。在绿色公路固体废物利用方面,要注重工程材料的再生和循环利用。公路建设应提高建筑垃圾、工业固体废物等材料的综合利用比例,应在可研及设计阶段结合工程所处地区实际情况,明确固体废物及建筑垃圾等材料在工程中的应用类型、规模及位置,加大废旧橡胶、钢渣、粉煤灰等材料在路面材料和混凝土工程中的应用力度,必要时设计防止二次污染的措施。

(3)发展公路绿色养护运营,推动绿色公路低碳节能。绿色公路养护方面,一方面,养护过程中采用节能、利于循环利用的材料、养护装备和施工工艺,对沿线服务区、收费站等采用太阳能照明、水资源循环利用等降低能耗。另一方面,探索公路绿色养护、低碳养护、生态养护,大力推广养护新技术、新工艺、新材料、新设备应用,按照"能设尽设"的原则推动绿色公路近零碳服务区建设。除此,还应推进温拌沥青混凝土、冷热再生技术等在绿色公路养护工程中的综合应用。

绿色公路运营方面,充分借助互联网、移动互联网等新媒介,创新服务手段,构建多渠道、全方位的公路出行信息服务体系,缩短出行人员在途距离和时间。加强高速公路服务区智慧引导与信息发布,推动近距离无线通信功能(Near Field Communication, NFC)和二维码等移动支付技术在高速公路通行费及服务区消费等领域的应用。

(4)完善绿色低碳公路管理机制,推进建设管理信息化。在碳排放核算方面,重点对建设、运营和养护阶段进行碳排放核算。通过界定全生命周期核算碳排放系统边界、范围,并在环节划分、系数统一、方法构建与验证率定等方面科学开展绿色公路基础设施碳排放核算工作。另外,建立碳交易平台,制定交通运输行业碳交易核心制度、辅助机制及相应法律法规,最终逐步融入碳交易大市场。同时,积极创新大数据分析方法和标准、交通基础设施减碳监测技术、评估方法、生态修复技术、碳交易监管机制等。

在监管手段和方式方面,绿色公路建设前,依法选择第三方特别是环境保护和水土保持专业机构开展规划、设计分阶段评价机制,建立项目生态环境保护专项设计审查制度,做到生态环境保护设施与主体工程同时设计。与此同时,还应明确在绿色公路建设过程中生态环境保护监管方面的责任主体,构建事中监管制度。绿色公路建设完成后,应把牢项目交工验收出口关,建立项目建设生态环境保护保证金制度、单位工程生态环境保护专项交工验收制度,执行交通运输装备绿色低碳标识和能效标识制度,依法选择第三方专业机构,提供技术审查咨询、试验检测等相关技术服务。

综上所述,绿色公路作为跨区域带动经济增长、跨行业创造社会价值和跨未来支撑国家发展的重要基础设施,是公路设计新理念在新时期的升级版,是实现公路建设科学与可持续发展的新跨越。在绿色公路建设过程中,建议转变公路设计规划理念,公路建造、管理模式,发展公路绿色养护运营,深入推进绿色公路低碳节能,逐步满足群众绿色需求。此外,在"双碳"背景下,还可积极开展碳排放核算和碳交易平台建设工作,完善第三方监管机制,推进绿色公路建设管理信息化,进而提高绿色公路的工程管理效能、工程质量、服务水平和建设监管水平,最终实现绿色公路的长效发展。

9.1.3 绿色公路评价方法

1)基本要求

绿色公路建设应符合国家相关法律、法规及标准、规范要求,将全寿命周期理念贯穿绿色公路建设全过程。公路规划设计应符合现行《公路工程技术标准》(JTG B01)、现行《公路环境保护设计规范》(JTG B04)和现行《公路路线设计规范》(JTG D20)的规定,施工应符合现行《公路沥青路面施工技术规范》(JTG F40)、现行《公路桥涵施工技术规范》(JTG/T 3650)、现行《公路隧道施工技术规范》(JTG/T 3660)的规定,养护应符合现行《公路养护技术规范》(JTG H10)、现行《公路桥涵养护规范》(JTG 5120)和现行《公路隧道养护技术规范》(JTG H12)的规定,养护运营应符合相关规定。绿色设计时应对公路进行安全评价,评价过程应符合现行《公路项目安全性评价规范》(JTG B05)的规定,施工、养护宜采用环保、绿色材料,符合绿色公路理念。

绿色公路参评工程应具有通过相关行政主管部门审批的环境影响评价文件和水土保持方案,按规定程序完成建设项目竣工环境保护和水土保持设施专项验收、备案。项目用地指标应符合现行有效的公路工程项目建设用地指标设计规范相关要求。应按照现行《工程建设施工企业质量管理规范》(GB/T 50430)的要求进行施工质量管理,并按规定开展施工期环境监测、水土保持监测及环境监理(含纳入工程监理模式)工作。项目交工验收时工程质量等级评定应为合格。参评工程按规定完成运营期突发环境事件应急预案备案。工程建设环境保护设施应具备正常运行的条件,包括经培训合格的操作人员、健全的岗位操作规程及相应的规章制度等。绿色公路项目取得开工许可并进场施工后可申请开展绿色公路评价。申请评价方应根据本标准的规定提交相应材料,由具有评价资质和条件的评价机构进行评价。

2)评价指标体系

绿色公路评价指标体系由7类一级指标构成,包括:绿色理念、生态环保、资源节约、节能低碳、品质建养、安全智慧和服务提升。一级指标下设若干二级和三级指标,见表9-1。

绿色公路评价指标体系 表9-1

一级指标	二级指标	三级指标
绿色理念	战略	战略规划
		专项资金
	文化	培训
		宣传活动
生态环保	生态保护	生物及其栖息地/生境保护
		生态修复
		植被恢复效果
	水土环境保护	水体保护
		土体保护
生态环保	空气环境保护	污染气体排放控制
		扬尘控制
		场站布置
	声光热环境保护	声污染防治
		光热污染防治
资源节约	土地资源节约、集约利用	土地占用
		土石方填挖
		临时用地控制
	水资源节约、集约利用	排蓄水工程
		污水处理与利用
		节水措施
	节材与材料循环利用	可循环材料利用
		旧路面材料再生
		隧道弃渣利用
		材料存储
		新型材料
节能低碳	能源节约利用	混合料节能技术
		施工节能措施
		节能系统
	清洁能源利用	可再生能源
		清洁能源拌和站

续上表

一级指标	二级指标	三级指标
品质建养	品质提升	长寿命路面
		功能型路面
		精品桥、隧
	施工标准化	工艺标准化
		工地标准化
	管理信息化	建设管理信息化
		运营管理信息化
	预防性养护	预防性养护规划
		预防性养护技术
安全智慧	智能交通系统	多元化系统
		系统维护
	安全设施	安全设施布设
		安全设施维护
	交通组织	施工交通组织
		日常通行管理
		交通应急管理
服务提升	人性化服务	信息服务
		旅游服务功能
		ETC（Electronic Toll Collection，电子不停车收费）技术应用拓展
		公众满意度
	绿色公路设施	近零碳服务区
		加气站和充电桩
		慢行交通和路侧港湾停车带
	景观优化	景观融合
		景观展现
		景观美化

3）评价方法

评价指标体系由评分项和加分项构成，评分项满分为1000分，加分项满分为150分，绿色公路评价总分为1150分。项目评价总体得分为评分项得分和加分项得分之和乘以0.1。根据得分情况，划分绿色公路等级，等级划分见表9-2。绿色公路评价评分项满分为1000分，一级指标按权重分别占不同分值。分值分布见表9-3。

绿色公路等级　　　　　　　　　　　　　　　　　　　　表9-2

得分 X	$X<60$	$60 \leq X<70$	$70 \leq X<80$	$80 \leq X<90$	$90 \leq X<100$	$X \geq 100$
等级	实际分数	一星	二星	三星	四星	五星

绿色公路评价一级指标分值　　　　　　　　　　　　　　表9-3

评价指标	绿色理念	生态环保	资源节约	节能低碳	品质建养	安全智慧	服务提升
分值	80	170	200	180	160	80	130

绿色公路评价评分项的实际得分应为所有一级指标得分之和，各一级指标得分应为该指标下设所有二级指标得分之和，各二级指标得分应为该指标下设所有三级指标得分之和。绿色公路评价评分项的最终得分应按实际得分除以适用于待评价公路指标的总分值再乘以100分，由评价机构进行计算，得分统计表见表9-4。适用于待评价公路指标的总分值是所有参评指标分值的总和，当标准中某评价指标不适用于待评价公路时，受自然环境影响的不参评指标见表9-5，受公路不同建设特点影响的可不参评指标见表9-6。

绿色公路评价最终得分统计表　　　　　　　　　　　　　表9-4

一级指标	满分	适用分值(A_i)	实际得分(B_i)	不参评指标编号
绿色理念	80	A_1	B_1	
生态环保	170	A_2	B_2	
资源节约	200	A_3	B_3	
节能低碳	180	A_4	B_4	
品质建养	160	A_5	B_5	
安全智慧	80	A_6	B_6	
服务提升	130	A_7	B_7	
合计总分	1000	$\sum A_i$	$\sum B_i$	
最终得分(Q)				

注：绿色公路评价的最终得分按下述公式进行计算：

$$Q = \frac{\sum B_i}{\sum A_i} \times 100 \times 0.1 + 加分项计分 \times 0.1 = \frac{B_1+B_2+B_3+B_4+B_5+B_6+B_7}{A_1+A_2+A_3+A_4+A_5+A_6+A_7} \times 100 \times 0.1 + 加分项计分 \times 0.1$$

受自然环境影响的可不参评指标　　　　　表9-5

三级指标	具体内容	备注
生物及其栖息地/生境保护	公路选线避绕自然保护区、连片分布的野生动物栖息地、重要湿地等生态敏感区,无法避绕时必须出具生态环境保护方案	
	野生动物出没路段应设置预告、禁止鸣笛等标志,设置符合动物生态习性的通道	
水体保护	跨越敏感水体的桥梁基础应采用沉入桩、灌注桩、沉井等桩基形式	
	水源保护区内部无沥青混合料及混凝土搅拌站,不堆放或倾倒任何含有有害物质的材料或废弃物	
土体保护	冬季除冰雪采用环境友好型融雪剂、微波除雪等环保技术代替传统氯盐型融雪剂	
隧道弃渣利用	隧道弃渣综合利用率	
节能系统	按照规范要求采用隧道通风智能控制系统,对隧道内废气浓度、气流风速等环境数据和交通量变化情况进行实时监控	
精品桥、隧	桥梁采用钢结构	
	隧道采用"零开挖"进洞	

受公路不同建设特点影响的可不参评指标　　　　　表9-6

三级指标	具体内容	备注
旧路面材料再生	对旧路面材料进行再生利用,如沥青路面再生、水泥路面碎石化再利用等	
混合料节能技术	路面修补作业采用冷拌冷铺沥青混合料、自粘式沥青路面贴缝带等节能型材料或工艺	
预防性养护规划	按照预防性养护规划和养护措施决策方案进行预防性养护设计、施工,具有相应检测、设计及施工报告	
预防性养护技术	采用微表处、含砂雾封层、碎石封层、薄层罩面、超薄磨耗层等预防性养护技术	
多元化系统	采用ETC不停车收费设施,建设联网联控的公路不停车收费与服务系统	

9.2 零碳公路服务区设计施工与评价

9.2.1 典型零碳公路服务区介绍

2022年7月12日,全国首个实现自我中和的"零碳服务区"——青银高速公路济南东服务区正式投入使用,首部高速公路"零碳服务区"白皮书同步问世。

(1)设计理念。济南东"零碳服务区"经过了碳核查、零碳路径研究、可行性研究、施工图设计、可行性核证等一系列科学论证,探索出交通行业开展低碳发展的规范模式,具有突出特点:

一是创新性提出了服务区"ZERO"零碳理念,其中Z(Zero)代表零碳排放目标,E(Emission)代表温室气体排放量,R(Reduction)代表减排措施和成效,O(Offset)代表抵消。实现"零碳"需要整合节能、减排、增汇等措施,实现服务区内碳排放与减排、吸收自我平衡,达到零碳排放目标。从摸清排放家底、创新技术减排、自身抵消三个层面制定了"零碳(Zero)服务区"实施路径。

二是探索了零碳服务区的全过程建设运营机制;在"零碳服务区"建设过程中,应用了已形成山东省地方标准的高速公路边坡柔性光伏施工工艺,满足了安全和发电效率的双重要;研发了具有自主知识产权的服务区能源智慧管控系统,实现了碳排放追踪、能源管控、设备管理和智慧决策;研发了具有自主知识产权的服务区污水应急处理系统,解决了处理后水质不稳定等难题。取得了行业权威认证机构颁发的核查证书,开展了碳评价认证工作,项目建设的效果实现了前期研究的预期目标。

三是编制了《山东高速济南东零碳服务区白皮书》。在此次发布的《山东高速零碳服务区白皮书》中,山东省对于未来如何复制推广"零碳服务区"制定了具体规划。例如,及时总结济南东零碳服务区建设经验,加强高速公路零碳服务区建设关键技术研究,制定高速公路零碳服务区建设、运营、评价等一系列标准,形成零碳服务区建设成套技术和可复制、可推广的建设运营模式,实现(近)零碳服务区由点到线到面的全面推广;在交通基础设施规划、建设、运营和维护全过程,贯彻绿色低碳理念,优化交通能源结构,推进新能源、清洁能源应用。推广施工材料、废旧材料再生和综合利用,提高资源再利用和循环利用水平,推进交通资源循环利用产业发展,强化节能减排和污染防治;加大绿色发展资金投入,大力发展生态环保和新能源等绿色低碳产业。提升碳排放管理能力,推进能源数智化转型,持续提升资源利用效率,减少各业务环节的碳排放。

(2)系统工程。济南东"零碳服务区"重点打造了零碳智慧管控系统、污废资源化处理系统、林业吸收提升系统、可再生能源利用系统"四大系统"工程,已实现"零碳"运营。

①零碳智慧管控系统。研发了全国首个具有自主知识产权的服务区能源智慧管控系统,涵盖了光伏、储能、微网、照明、暖通空调和污水处理等所有间接碳排放源数据互通和集中管理;创新了能源的可视化监管和智慧化管控方法,对整体能源流动进行实时监测、分析和智慧管控,确保服务区内用户的舒适感及服务区可持续碳减排的稳定实现。

②污废资源化处理系统。涵盖污水处理水质闭环控制系统、地埋式生物处理系统、水质应急系统模块,应用了水量、水质应急处理工艺技术,解决了服务区用水高峰低谷波动大、污水温室气体逸散量大等难题,中水100%回收利用。

③林业吸收提升系统。目前济南东服务区绿化面积约为6.71万m^2,绿化率达到33%,服务区遴选了固碳能力强的大乔木和竹林等植被,种植在服务区靠近围墙以及入口分车带等位置,增植面积达到1.9万m^2,营造了生态性及景观性有机结合的服务区室外空间。

④可再生能源利用系统。充分利用高速公路边坡、停车场和屋顶等区域,建成了总装机容量3.2MW的光伏电站,配套3.2MW·h储能设备,装机容量和储能规模是目前全国同类服务区建设项目之最。实现了日均发电量10000kW·h以上,远超日均用电量6000kW·h,年节约标煤1200t,实现了服务区100%"绿电"供应。具体来看,济南东服务区通过整合先进能源技术及装备,构建面向大规模可再生能源管控的零碳能源系统,配套交直流微网等基础设施,确保绿电的高效生产和稳定消纳。目前济南东服务区可再生能源系统包括分布式光伏发电+储能、室外微光照明、交直流微网等,仅光伏发电系统预计平均年发电量约360万kW·h。

9.2.2 零碳公路服务区设计与施工

1)基本概念

(1)服务区运营期碳排放:运营阶段为保证服务区自身运营需要产生的二氧化碳排放,包括采暖、空调、照明、厨房、生活热水、内部车辆运行等的直接和间接碳排放。

(2)服务区固碳:在服务区用地范围内,自然和人工植被从空气中吸收并存储的二氧化碳量。

(3)服务区计算边界:与服务区运营活动相关的碳排放的计算范围。

(4)服务区碳排放因子:将能源消耗量与二氧化碳排放相对应的系数,用于量化服务区运营阶段相关活动的碳排放。

(5)碳信用:温室气体减排项目按照有关技术标准和认定程序确认减排量化效果后,由相关机构或组织签发的碳减排指标。

(6)碳配额:在碳排放权交易市场下,参与碳排放权交易的单位和个人依法取得,可用于交易和碳市场重点排放单位温室气体排放量抵扣的指标。

(7)绿色电力:利用特定的发电设备,将太阳能、风能、生物质能、地热能等非化石能源转化后形成的电能,简称绿电。

(8)服务区碳减排:指服务区在一定时间内(通常以年度为单位),运营服务过程中产生的所有温室气体排放量,在尽可能自身减排的基础上,剩余部分排放量通过购买核算边界外相应数量的碳信用、碳配额、绿色电力证书等完全抵消。

(9)低碳服务区:服务区运营阶段全年二氧化碳净排放量较低的服务区。

(10)近零碳服务区:服务区运营阶段全年二氧化碳净排放量接近零的服务区。

(11)零碳服务区:服务区运营阶段全年二氧化碳净排放量等于或小于零的服务区。

(12)服务区逸散型排放源:服务区运营阶段逸散型排放源,包括灭火器和化粪池等产生的二氧化碳排放,本书中服务区运营阶段逸散型排放不予考虑。

2)基本规定

零碳服务区选址应因地制宜,优先选择地形平坦、地质条件良好、有扩建余地、有利于营造适宜微气候的荒地或废弃场地,应充分利用原有地形地貌,避免挖方填方对生态环境的破坏。在满足环境保护、水源保护的前提下,宜选择生态环境良好、远离污染源、易于充分有效利用可再生能源的地段。碳服务区选址应满足交通技术条件,避免设置在小半径曲线路段或陡坡路段,并与隧道出口、互通立交出入口保持合理间距。

零碳服务区选址应避免选择低洼易淹和有山洪、滑坡、断层、流沙、地震断裂带等地质灾害风险的地段以及有雾霾、雷电、冰冻等气象灾害风险的地段,无法避免时,应采取相应防护措施。零碳服务区应根据现行《建筑环境通用规范》(GB 55016)中气候区划指标及二级区划气候特征,进行总体布局、节能、能源及固碳等方面的适宜性设计。

零碳服务区设计应根据当地气候特征与场地条件,通过被动式设计降低服务区内建筑物、构筑物及配套设施等能耗需求,提升主动式能源系统的能效,充分利用可再生能源、污废一体化处理、固碳等技术体系,实现零碳服务区建设目标。零碳服务区设计宜与服务区经营定位和服务特色规划相适应,与区位规划、建筑、景观相结合,统一规划、统一设计。零碳服务区不宜使用化石能源,厨房宜采用电气化厨房,日常运维车辆及养护装备宜选用电气化设备。

零碳服务区应充分利用建筑屋顶、绿地、小车位车棚等空间资源,建设分布式光伏发电系统。零碳服务区宜采用光储充一体化模式,为新能源车辆提供绿电的充电服务。零碳服务区停车区应设置充电桩,充电桩设置比例应符合交通主管部门和地方政府相关要求,并考虑服务区相关规划或交通发展需求。宜根据相关发展规划需求设置换电站、储能站、加气站、加氢站等新能源车辆配套服务设施。

零碳服务区涉及的材料与设备应优先选择获得绿色建材标识(或认证)的低碳环保材料与设备,宜全程采用可再生能源加工生产的材料与设备、使用废弃物资源化再利用加工生产的材料与设备以及可在项目地周边就近获得的材料与设备。服务区建设阶段应采用集成化设计、精细化施工工艺、质量控制和服务区建筑装配式比例,运营阶段应采用零碳智慧管控系统进行运营期碳排放数据分析和能源的精细化管理、设备智能化控制、智能运维和数字孪生可视化展示。

3) 设计

(1) 一般规定。

零碳服务区内设计应遵循因地制宜、被动节能措施优先的设计原则。服务区建筑能耗相关指标应满足现行国家标准《建筑节能与可再生能源利用通用规范》(GB 55015)的相关要求,建筑声、光、热、空气质量环境应满足现行《建筑环境通用规范》(GB 55016)的相关要求。项目前期应进行能源规划设计,充分利用规划范围内各项条件综合设置可再生能源系统与污废一体化处理系统。

零碳服务区设计应优化建筑布局,结合室外生态环境与水环境,阻隔冬季冷风,增加冬季日照与太阳能直接采暖;引入夏季气流,增强自然通风、降低热岛效应。结合服务区道路及机动车停车位,可设置压电路面、压电停车位及其他新型动态感应无线电力传输路面。停车区应满足普通货车、危险货物运输车辆等的停车服务需求。

(2) 保温隔热系统。

零碳服务区应根据当地气候条件,在满足室内环境参数条件下,在设计中优化服务区建筑的外围护结构保温、隔热、遮阳、防潮、气密性、断热桥等性能,并满足现行《公共建筑节能设计标准》(GB 50189)、《建筑节能与可再生能源利用通用规范》(GB 55015)的相关指标要求。零碳服务区建筑设计应采用简洁造型、适宜的体型系数和窗墙比、屋顶较小透光面积比例。

外围护结构的保温隔热层、防潮层、气密性等应连续完整。应采取隔气构造措施,避免外围护结构内部及室内侧出现结露、发霉现象。零碳服务区建筑应采用保温隔热性能及气密性良好的门窗系统,服务区建筑南、东、西向外窗和透光幕墙应采取遮阳措施。活动外遮阳应具有良好的耐久性及光线调节功能,宜设置智能调光,并满足抗风性能要求。零碳服务区建筑主朝向宜为南北朝向或接近南北朝向,主入口宜避开冬季主导风向,并设置门斗等避风措施。

冬季主导风向上宜设置防风林、防风墙、防风窗板、覆土花园等,采取措施提高服务区整体范围内冬季保温性能。零碳服务区建筑应采取措施提高建筑冬季保温性能及蓄热调湿能力。夏季主导风向上宜利用浮力原理设置自然通风,采取措施提高建筑隔热能力与室内热舒适度。零碳服务区建筑物、构筑物、停车位等应合理设置遮阳设施,并考虑与可再生能源利用设施结合设计。

零碳服务区应在建筑外围护结构设计时,进行消除或削弱热桥及确保气密性良好的专项设计,围护结构保温层、气密层应连续并包围整个外围护结构。零碳服务区交通标识系统宜优先采用太阳能自发光标识系统,以及长余辉材料制作道路标线和标识牌。

(3)采暖通风系统。

零碳服务区主要功能房间外窗(包含透光幕墙),应设置可开启窗扇或通风换气装置,优先采用自然通风方式满足室内热环境舒适性要求。零碳服务区应优先选用高能效等级与可再生能源产品,提高系统能效,充分利用自然热源或自然冷源,多能互补集成优化,能够根据服务区负荷灵活调节,并兼顾生活热水需求。采用的多联机空调(热泵)机组的选型及性能指标应满足现行《建筑节能与可再生能源利用通用规范》(GB 55015)的相关要求。宜采用高效新风热回收系统,通过热回收装置使新风和排风进行热交换,回收排风中的热量。零碳服务区应合理调节气流,送风口应设置在休息大厅、餐厅等主要空间,回风口设置在卫生间等辅助空间,送、回风口应保持一定间距,避免气流短路。外进风口应避开污染源。

(4)照明系统。

零碳服务区应充分利用自然采光,综合协调天然采光(含导光管集光器等采光设施)和人工照明;人员活动场所的光环境应满足现行《建筑环境通用规范》(GB 55016)、现行《建筑照明设计规范》(GB 50034)的相关要求。零碳服务区室内外宜优先采用通过节能认证的节能设施,所采用的采光设施及人工照明设施应能够根据照明需求进行智能化节能控制,并根据服务区室内外采光状况和使用条件,采取分区、分级、分组及按照照度或时段调节的节能控制措施。

零碳服务区室内外采光根据人流量分区设计,在人流密集区优先采用自然采光,在人流稀少区采用感应式光源与延时照明技术。零碳服务区室外景观照明应设置平时、一般节日及重大节日多种控制模式。零碳服务区室外宜采用微光照明系统,白天利用光伏发电进行充电储能,晚上通过储能设备放电实现服务区场地照明,储能装置与负荷装置互联互通。零碳服务区室内外应采取措施防止产生直接眩光、反射眩光、映像和光幕反射等现象的措施。

(5)可再生能源利用。

零碳服务区应至少采用一种或多种组合的可再生能源技术,包括太阳能、风能、地源热泵、空气源热泵、氢能等。可再生能源的利用应根据当地气候条件、地方特色资源及适用条件等因素因地制宜、统筹规划,并根据适用条件和投资规模选择适宜的可再生能源形式。

太阳能系统设计应符合下列要求:零碳服务区宜安装太阳能系统。太阳能系统的外观应与建筑风格相协调,太阳能光伏系统设计应符合现行《建筑光伏系统应用技术标准》(GB/T 51368)、现行《被动式太阳能建筑技术规范》(JGJ/T 267)的有关规定。太阳能系统的设计应与零碳服务区的设计同步完成,尤其是服务区主体建筑上,应采取建筑光伏一体化设计。太阳能系统应满足结构、电气及防火安全的要求;由太阳能集热器或光伏电池板构成的屋面及围护结构构件,应满足相应构件的安全性及功能性要求。服务区内安装太阳能系统的建筑物与构筑物,应设置安装和运行维护的安全防护措施,以及防止太阳能集热器或光伏电池板损坏后部件坠落伤人的安全防护措施。太阳能系统应根据各气候区气候条件、使用环境和系统类型,采取适宜的防冻、防结露、防过热、防热水渗漏、防雷、防雹、抗风、抗震和保证电气安全等技术措施。太阳能光伏发电系统设计时,应给出系统装机容量和年发电总量,并应根据光伏组件在设计安装条件下光伏电池最高工作温度设计其安装方式,保证系统安全稳定运行。

风力发电系统设计应符合下列要求:小型风力发电系统设计与安装应符合现行《小型风力发电机组》(GB/T 17646)以及现行《小型风力发电系统安装规范》(NY/T 1137)的有关规定。应确保小型风力发电机组适当的安全性和可靠性水平,在设计计算时应考虑环境、电气、土壤参数,并在设计文件中加以明确;设计的气候条件应根据典型值或通过可变条件的极限来定义,选择设计值时,应考虑到诸多气候条件同时发生的概率、气候条件在正常范围内的变化,以一年为重现期。除了风况等气候条件之外,小型风力发电系统设计应考虑系统正常环境温度范围、相对湿度、太阳辐射强度、空气密度等;应考虑温度、雷电、冰和地震等极端环境条件。小型风力发电机组的结构设计应是基于验证从风轮叶片到地基的所有临界荷载路径上所有部件的结构完整性。小型风力发电机组的设计应在所有设计荷载工况下都能保持其所有参数在设计极限内。小型风力发电机组电气系统的每个电气部件都应能经受住全部设计环境条件,也应能承受部件在运行期间可能经受的机械的、化学的和热应力条件。

储能系统设计应符合下列要求:零碳服务区光伏发电系统应配置适宜容量的储能装置,并满足向零碳服务区负载提供持续、稳定电力的需求。零碳服务区光伏发电系统配置的储能系统容量应根据光伏发电装机容量、当地日照条件、连续阴雨天数、负载的电能需要和所配储能电池的技术特性等条件来综合确定,宜优先选择生态型储能。储能电池类型宜根据储能效率、循环寿命、能量密度、功率密度、响应时间、环境适应能力、充放电效率、自放电率、深放电能力等技术条件进行选择。储能系统宜选用大容量单体储能电池,减少并联数,并宜采用储能电池组分组控制充放电。电化学储能系统性能应符合现行国家标准《电力系统电化学储能系统通用技术条件》(GB/T 36558)的有关规定。锂离子电化学储能电池管理系统应符合现行国家标准《电化学储能电站用锂离子电池管理系统技术规范》(GB/T 34131)的有关规定。储能系统应设置无高温、无潮湿、无振动、少灰尘、避免阳光直射且有良好通风的专用储能电池室,储能电池室应安装防爆型照明灯。充电控制器应依据形式、额定电压、额定电流、输入功率、温升、防护等级、输入输出回路数、充放电电压、保护功能等技术条件进行选择,并按环境温度、相对湿度、海拔高度、地震烈度等使用环境条件进行校验;充电控制器宜选用低能耗节能型产品。除电化学储能系统外,宜根据项目环境与资源情况,因地制宜采用有利于环境保护和修复的储能技术提高可再生能源利用率,如水储能、压缩空气储能、电蓄热技术等。

地源热泵系统设计应符合下列要求:地源热泵机组的设计与选用应满足现行《水(地)源热泵机组能效限定值及能效等级》(GB 30721)的相关要求,地源热泵机组能效不应低于现行《水(地)源热泵机组能效限定值及能效等级》(GB 30721)规定的节能评价值。地源热泵系统方案设计前应进行工程场地状况调查,对浅层或中深层地热能资源进行勘察,确定地源热泵系统实施的可行性与经济性,并应进行现场岩土热响应试验。浅层地埋管换热系统设计应进行服务区全年动态负荷及吸、排热量计算,最短计算周期不应小于1年。所有服务区项目地埋管换热系统设计均应有防冻措施。地源热泵系统监测与控制系统应对服务区室内外温度、系统地源侧与用户侧进出水温度和流量、热泵系统耗电量、地下环境参数等数据进行监测和及时优化调整。

空气源热泵系统设计应符合下列要求:空气源热泵机组的设计与选用应满足现行(GB 37480)的相关要求,空气源热泵机组能效不应低于现行(GB 37480)规定的节能评价值。空气源热泵机组的有效制热量,应根据室外温湿度及结霜、除霜工况对制热性能进行修正。采用空气源多联式热泵机组时,还需根据室内与外机组之间的连接管长度与高差进行修正。所有服务区项目空气源热泵系统设计均应有防冻措施。

(6)综合加能设施。

服务区应对新能源车辆发展趋势进行预测,并根据预测情况合理规划设置充电站、换电站、加氢站等设施。服务区应评估未来燃油车发展趋势,并考虑预留加油站、加气站未来更新的可能性。

充电站、换电站设计应符合下列要求:服务区充、换电站设计应符合现行《电动汽车充电站设计规范》(GB 50966)、《电动汽车充电站通用要求》(GB/T 29781)、《电动汽车电池更换站通用技术要求》(GB/T 29772)的有关规定。充电站、换电站应与加油站、加气站保持安全距离,宜靠近车辆维修站布设,位置应便于充电车辆停放和充电人员操作;不应靠近有潜在危险的地方,充电站不宜设置在多尘或有腐蚀性气体的位置、污染源盛行风的下风侧、有剧烈震动或高温的位置、地势低洼或可能积水的位置等。电动汽车在停车位充电时不应妨碍其他车辆的通行,宜设置适当数量的临时停车位。充电桩与充电车位相邻的一侧,应设置防撞柱或防撞栏,防撞柱或防撞栏的高度应符合相关规范要求。充电设备布置宜尽量缩短充电电缆长度,以节约材料、能耗和减少碳排放。充电区应安装防雨雪设施,并采取防积水措施。

加氢站设计应符合下列要求:加氢站设计应符合现行《汽车加油加气加氢站技术标准》(GB 50156)、现行《加氢站安全技术规范》(GB/T 34584)的有关规定。加氢站应设置在服务区出口侧,不应设在多尘或有腐蚀性气体及地势低洼和可能积水的场所,可与加气站联合建站。加氢站可采用氢气长管拖车运输、液氢运输或自备制氢系统等方式供氢。加氢站的火灾危险类别应为甲类,加氢站内有爆炸危险房间或区域的爆炸危险等级应为 1 区或 2 区。加氢站内建筑物耐火等级不应低于二级。

(7)污废资源化处理。

雨水资源化再利用应符合下列要求:服务区应采取措施进行雨水收集与资源化再利用,宜利用服务区建筑屋面、墙面、室外地面、道路与停车位等雨水收集界面最大限度收集雨水,并进行生物净化、设备净化、蓄水与水资源循环利用。雨水的收集与利用应以服务区削减径流排水、雨水资源化利用为目的,并充分利用服务区范围内或周边区域的天然湖塘洼地、沼泽地、湿地等自然水体进行雨水调蓄。雨水收集、调蓄、处理和利用设施不应对周边土壤环境、植物生长、地下含水层的水质和环境景观造成危害和隐患。雨水收集处理后用于饮用水的,必须消毒后再利用,并应符合现行《生活饮用水卫生标准》(GB 5749)有关规定的要求。

污水资源化再利用应符合下列要求:近零服务区应采用污废一体化处理设施进行污水处理与资源化再利用;污废一体化处理设施处理量应与服务区日产生污水量相匹配。车辆冲洗废水、含油污废水处理应符合现行《污水综合排放标准》(GB 8978)的有关规定。生活废水和餐饮废水经过隔油处理后标准应能达到现行《公路服务区污水再生利用 第1部分:水质》(JT/T 645.1)有关规定的要求。

固体废物资源化再利用应符合下列要求:服务区所产生的固体废弃物应根据其种类及特性,采取分类收集、就地处理、当日处理。宜采用适宜的固体垃圾处理设备,将厨余垃圾、粪尿、可燃烧垃圾、有害垃圾、可回收垃圾等废弃物分类进行源头处理,降低垃圾外运和集中处理的碳排放量。厨余垃圾处理宜结合服务区厨房设置就地处理设备,相关设备的设计与安装应满足现行《餐厨垃圾处理技术规范》(CJJ 184)的相关要求。生活垃圾处理宜结合服务区供热及热水系统设置小型垃圾焚烧设备,综合利用垃圾焚烧产生的热能。工程渣土等服务区建设废弃物宜结合服务区景观堆坡造景工程、路基回填工程等进行资源化再利用。车辆维修产生的废旧轮胎、废弃金属等可回收利用的废弃物,应由专业机构回收处理并循环利用。

(8)服务区固碳。

零碳服务区固碳的设计与施工应满足现行《园林绿化工程项目规范》(GB 55014)的相关要求。零碳服务区固碳在最大限度获得固碳的同时,应结合风沙防护林、经济林设置,并注重当地生物多样性保护、生态保护。宜在主风害方向上结合固碳林设置防风林带,降低冬季冷风风速、噪声污染,提升服务区建筑的冬季保温性能,改善服务区微气候环境。

固碳设计植物设计应遵循以下原则:应考虑固碳植物对气候条件的适应性、抗灾性能,优先选用固碳能力强、抗灾能力强、稳定性好、抗逆性强、维护需求低的当地乡土植物物种;坚持因地制宜、适地适树原则,多树种、多林种结合;因地制宜确定阔叶树种和针叶树种比例,宜采用多树种混交林,防止树种单一化。植物选择应首选耐旱节水、再生能力强、抗性强的种类和品种,植物种植应遵循自然规律和生物特性,不应反季节种植和过度密植。公共活动场地内和周边环境不应配置有毒、有刺等易对人群造成伤害的植物。海绵城市与雨水花园设计宜在提高雨水收集再利用能力的同时,增加水体景观,提高水生态系统固碳能力。可食用花园设计宜结合服务区景观花园,种植具有观赏价值的可食用植物,供应服务区内餐厅,提高食材的新鲜度与健康性,通过减少食材运输降低运输碳排放量。景观构筑物宜结合光伏发电系统、雨水收集系统进行一体化设计,在满足景观效果的同时提高可再生能源和雨水利用率。景观照明系统宜采用光伏零能耗灯具、光伏发电地砖、长余辉景观路面及导向标识等技术与节能照明设备。应优先选择本土植物、多年生植物和低碳景观材料,优先采用废弃物构建景观小品,实现垃圾源头减量,进而减少垃圾运输与处理产生的碳排放,降低后期养护成本。

(9)零碳智慧管控系统。

零碳服务区宜设置零碳智慧管控系统,并建立交直流微网管理系统、智慧空调控制系统、智慧照明控制系统、光伏电站管理系统、污水处理控制系统的集成综合智慧管控系统,全面提升管理能效;通过智能运维,实现设备台账管理、系统故障预警、智慧巡检、线上保修、能源智能调配灯功能。能源精细化管理应可实现全天候、多层次的智能多源感知监测,通过物联网网关完成电表集抄功能和智能终端信息采集,实现照明插座用电、空调用电和动力用电等能耗数据实时统计和分析,并开展设备能耗异常诊断。多能供给时,应能够根据系统能效对比等因素进行优化控制与调节,能效对比程序设置中应优先使用可再生能源。宜搭建基于数字孪生技术的可视化展示模块,形成决策者、管理者、运维者三个维度的数字化管理体系,打造具备运、维、调、控、视、仿等能力的综合能源数字化运营管理载体。宜设置交直流微网设施,由分布式电源、储能装置、本地负荷、相关监控和保护装置组成,构成具有自我控制、保护和管理能力的新型能源基础设施,并配套大功率直流电动汽车充电装置,实现全流程、实时动态地掌控服务区能量流动情况,形成源-网-荷-储一体化智慧管控模式。

4)施工

(1)一般规定。

高速公路零碳服务区应优先选择具有零碳施工经验、技术能力强的专业队伍承担;施工前应对相关人员进行零碳施工培训,并逐条进行核实。各相关单位在施工前应共同进行施工图会审,优化创新设计。

高速公路零碳服务区施工质量控制应满足现行《建筑工程施工质量验收统一标准》(GB 50300)、现行《建筑节能工程施工质量验收标准》(GB 50411)的相关要求,并采取以下措施确保施工质量:应针对外围护结构热桥控制、气密性保障、保温系统、门窗幕墙系统、遮阳系统、屋面系统、设备及管道系统等关键环节,制定专项施工方案;通过细化零碳施工工艺,严格过程控制,保障零碳施工质量;能源系统、水处理系统、废弃物就地处理系统等设备系统应在施工前进行各方协调,并制定适宜的综合零碳施工方案。施工过程中宜对热桥及气密性关键部位进行热工缺陷和气密性检测,查找漏点并及时修补。施工现场应优先采用纯电动施工机械,并在施工场地内部或附近匹配可再生能源充电设施为纯电动施工机械充电,降低施工阶段碳排放。

(2)保温隔热系统施工要求。

外围护结构保温隔热施工应妥善保管施工场地上的保温材料、保温模板,保温材料、保温模板的存放应采取防潮、防水、防暴晒等保护措施,以防止其保温性能下降。无热桥施工应严格按照节能设计要求正确安装细部节点,并对关键环节制定无热桥专项施工方案,尤其是外墙及屋面保温做法、外门窗安装方法及其与墙体连接部位的处理方法、外挑结构与穿墙和屋面管道及外围护结构上固定件的安装、屋面设备基座和预埋件等部位的施工处理等措施。

气密性保障应贯穿整个施工过程,在施工工法、施工程序、材料选择等各环节均应考虑,尤其是外门窗安装、维护结构洞口、砌体与结构间缝隙及屋面檐角等关键部位的气密性处理。气密层施工处理应在热桥处理后、内部装修前实施。主体施工结束后、精装施工前,应进行建筑气密性检测,及时发现薄弱环节,改善补救,检测可采用鼓风门法和示踪气体法。建筑节能施工应满足现行《建筑工程施工质量验收统一标准》(GB 50300)、现行《建筑节能工程施工质量验收标准》(GB 50411)的相关要求。

(3)采暖通风系统施工要求。

施工期间应加强防尘保护、气密性、消声隔震、平衡调试以及管道保温等方面细节的处理和控制。施工期间新风系统所有敞口部位均应做防尘保护,包括风道、新风机组和滤清器。新风系统管道应采用高气密性风管,并在管道接头部位加强密封,确保管道气密性。新风机组安装时应做好消声隔震措施,机组与基础间、吊装机组与吊杆间均应安装隔声减震配件,管道与主机之间采用软连接,防止固体传声。新风口应远离污染源,防止空气污染;同时宜远离地面,防止雨雪影响和人为破坏;排风口应避免排气直吹建筑物构件,避免吹向服务区人流较大的室外环境。

新风系统安装完成后应进行风量平衡调节,确保总送风量与排风量平衡;冷热源水系统应进行水力平衡调试,确保总流量及各分支环路流量满足设计要求;照明系统应进行编程调试,确保符合运营部门要求。室内管道与固定支架之间应设置隔音垫,防止噪声扩散和热桥产生;与室外相连通的管道,如室内排水管、室内雨水管等,均应进行保温和隔声处理,避免热桥产生。照明系统施工要求应满足现行《建筑电气照明装置施工与验收规范》(GB 50617)的相关规定。

(4)可再生能源利用施工要求。

太阳能系统施工应满足现行《建筑光伏系统应用技术标准》(GB/T 51368)的相关规定,并符合下列要求:太阳能光电系统施工进场前应对采用的材料、构件和设备进行复验,确保太阳能集热器和光伏板的安全性能及热转换性能和发电功率与效率。太阳能系统的施工安装不得破坏建筑物的结构、屋面、地面防水层和附属设施,不得削弱建筑物和停车区遮阳车棚、换电站、加氢站等服务设施全生命周期内承受荷载的能力。太阳能集热器和太阳能光伏电池板的安装方位角与倾角应对照设计文件进行核查,确保安装误差在可控范围内。光伏组件安装应严格按照设计进展;组件安装应避免造成玻璃与背板的划伤或破损;组件的连接线安装应确保安全性和正确性;组件的接地电阻应符合设计要求;严禁在雨天进行组件连线工作;安装完成后应及时进行系统调试并修正系统的预置参数。

风力发电系统安装应满足现行《小型风力发电机组》(GB/T 17646)、现行《小型风力发电系统安装规范》(NY/T 1137)的相关规定;风电系统组件应严格按照设计要求施工;施工期间应及时掌握气象情况,避免雨天施工和加强设施设备的防雨措施;安装工作应在4m/s风速以下进行,以确保操作的安全性。电化学储能系统宜采用分层安装,多层叠放,同一层上的单体间宜采用有绝缘防尘罩的铜排连接,不同层间宜采用电缆连接。蓄电池组安装应符合现行《电气装置安装工程 蓄电池施工及验收规范》(GB 50172)的有关规定。地源热泵系统施工现场应对地埋管系统所用材料进行保护,管材和管件存放、搬运和运输过程中,应小心轻放、排列整齐,采用柔韧性好的皮带、吊带或吊绳进行装卸,不应随意抛摔和沿地拖拽;夏季施工应预防管道受热发生老化变形,未安装的管材应避光保存。空气源热泵系统室外机组的安装位置,应确保进风与排风通畅,且避免短路;应避免受污浊气流、沙尘暴、暴雨、暴雪等对室外机组的影响;噪声和排出气流应符合周围环境的要求;便于对室外机的换热器进行清扫和维修;室外机组应有防冻、防积雪措施;应设置安装、维护及防止坠落伤人的安全防护设施。可再生能源系统安装完成之后应及时进行性能检测,并根据检测结果对照设计进行核查。核查调整之后进行整体调试和验收,确保系统的正常运行和最佳运行效率。

(5)综合加能设施施工要求。

电动汽车充换电站施工与验收应符合现行《电动汽车充换电设施工程施工和竣工验收规范》(NB/T 33004)的相关规定,加氢站施工与验收应符合现行《加氢站安全技术规范》(GB/T 34584)的相关规定。

(6)污废资源化处理施工要求。

雨水资源化再利用应选用节能、高效的雨水净化处理设备,并应符合下列要求:雨水入渗工程施工前应对入渗区域的土壤渗透能力进行评价;雨水入渗工程采用的砂料应质地坚硬清洁,级配良好;管道敷设应符合国家现行有关管道工程施工标准的规定;收集回用系统的雨水蓄水池(罐)应做满水试验;污水资源化再利用应选用节能、高效的污水处理设备,并应满足现行《污水处理设备安全技术规范》(GB/T 28742)的相关规定。固体废物资源化利用应选用节能、高效的垃圾处理设备,包括厨余垃圾、生活垃圾、建筑垃圾等分类处理设备,并应满足现行《餐厨垃圾处理技术规范》(CJJ 184)、现行《生活垃圾处理处置工程项目规范》(GB 55012)的相关规定。

(7)服务区固碳施工要求。

景观施工之前,应组织施工人员熟悉了解现场情况,在施工过程中对原有地形地貌做好保护与修复,减少施工对土壤、水质、自然生境和生物多样性的扰动。地形塑造应保持水土稳定,高程设置应利于雨水就地消纳,并应与相邻用地高程相协调;结合基址雨水消纳、处理和水资源条件合理组织水景工程。景观园路和活动场地的铺装应优先采用透水型铺装材料、可再生材料及废弃物资源化再利用材料;透水铺装应满足荷载、防滑等使用功能和耐久性要求,并宜与可再生能源结合,充分利用道路、活动场地等条件提高可再生能源利用率。

绿化栽植或播种前应对该地区的土壤进行检测,并根据检测结果及景观设计要求采取相应的土壤改良措施和病虫害防治措施,优先采用原土改良优化,减少客土替换,降低土方及运输碳排放。所用肥料应优先采用经过检测、符合要求的有机肥。植物进场前应进行种类、品种、规格、数量、产地、拟栽植位置的核对与检疫手续办理,确保符合设计要求,避免使用带有严重病虫害的绿植和可能会对本地生态系统造成一定危害现象的入侵物种。植物的病虫害防治应采用生物和物理防治方法,避免药物污染土壤与水源。应根据植物品种的习性和当地气候条件,选择最适宜的栽植期进行栽植。植物的栽植密度、种植点、播种、种苗处理、施肥及未成林的抚育与管护,应满足现行《造林技术规范》(GB/T 15776)的相关规定。

景观施工中应尽可能减少大型高耗能机械的使用,降低施工对生态环境的破坏。宜采用绿电供电的小型电动机械。做好施工废弃物的分类处理和循环利用,减少渣土、包装物、污水等施工作业产生的垃圾及其对环境的污染。建筑屋面及设施顶面绿化施工前,应对顶面基层进行蓄水试验及找平层的质量进行验收,顶面绿化栽植基层(盘)应有良好的防水排灌系统,防水层应符合设计要求,确保不渗漏,且采用耐根穿刺防水层,确保不受植物生长影响。

9.2.3 零碳公路服务区评价

1)评价对象、周期和等级划分

(1)评价对象。服务区碳排放评价应以具备基本服务功能区域的整体为对象,公路两侧服务区各自独立运营的,可作为两个独立的评价与认定对象。

(2)评价周期。服务区碳排放评价应在服务区通过交工验收并运营一年后进行,评价时间以一个自然年为周期。

(3)控制指标。服务区建筑应符合现行《公共建筑节能设计标准》(GB 50189)与现行《建筑节能与可再生能源利用通用规范》(GB 55015)的相关规定。服务区室内声、光、热、空气质量环境应满足现行《建筑环境通用规范》(GB 55016)的有关要求。服务区应最大限度减少化石能源使用,减少直接排放,供暖应使用清洁能源,厨房宜采用电气化厨房,日常运维车辆及养护装备宜选用电气化设备。服务区应至少采用一种可再生能源技术,包括太阳能光伏系统、风力发电系统、生物能供热系统、地源热泵系统等。服务区应充分利用建筑屋顶、绿地、小车位车棚等空间资源,建设分布式光伏发电系统。服务区宜采用光储充一体化模式,为服务区照明系统和新能源车辆提供电力供应。服务区应设置充电桩,按不低于10%的车位比例建设或预留充电基础设施。宜根据相关发展规划需求设置换电站、储能站、加氢站等配套服务设施。

服务区绿地率应达到25%以上,绿化植物种植应乔灌草相结合,构建立体植被群落,植物种类优先选择环境适应性强、固碳能力强、抗逆性强、维护需求低的乡土植物种类。服务区应建设污水处理回用设施,再生水水质达到现行《城市污水再生利用 城市杂用水水质》(GB/T 18920)规定的要求,回用于冲厕、绿化、景观用水等,再生水利用量占服务区总用水量的比例不低于10%。服务区应建立碳排放管理制度,明确管理目标、管理职责和管理流程,宜通过信息化和智能化手段,实现能耗及碳排放动态监测,并对外公开服务区碳排放情况。

(4)等级划分。服务区碳排放评价均应满足本文件全部控制指标的要求,按碳减排率划分三级。①低碳服务区:服务区全年利用可再生能源和固碳的碳减排量达到服务区总碳排放量30%;②近零碳服务区:服务区全年利用可再生能源和固碳的碳减排量达到服务区总碳排放量60%;③零碳服务区:服务区全年利用可再生能源和固碳的碳减排量达到服务区总碳排放量100%,或服务区全年利用可再生能源和固碳的碳减排量达到服务区总碳排放量60%以上,剩余部分排放量通过购买相应数量的碳信用、碳配额、绿色电力证书等完全抵消。

2)碳排放量核算

(1)核算边界及范围。碳排放量核算边界根据运营控制权法,以服务区计算边界用地范围为准。核算范围包括服务区自身运营产生的直接排放和间接排放,不包括服务区过往车辆等产生的碳排放。服务区碳排放的核算应包括服务区运营阶段能源消耗产生的二氧化碳排放量和可再生能源利用、服务区固碳的碳减排量。

（2）核算方法。采用排放因子法,碳排放量为活动水平数据与碳排放因子的乘积。

（3）计算公式。服务区运营阶段一定时期内碳排放量应根据服务区使用的不同类型能源消耗量和不同类型能源的碳排放因子确定,服务区二氧化碳排放总量（E）按式（9-1）计算：

$$E = \sum (E_{总耗电,i} + E_{化石能源,j} + E_{购入热,i}) \tag{9-1}$$

式中,服务区总耗电对应的二氧化碳排放量按式（9-2）计算：

$$E_{总耗电,i} = AD_{总耗电,i} \times EF_{电} \tag{9-2}$$

式中,$E_{总耗电,i}$为核算单元i总耗电力所产生的二氧化碳排放量（tCO_2）；$AD_{总耗电,i}$为核算期内核算单元i总耗电力（$MW \cdot h$）；$EF_{电}$为区域电网年平均供电排放因子[$tCO_2/(MW \cdot h)$]。

服务区化石燃料燃烧产生的二氧化碳排放量按式（9-3）计算：

$$E_{化石能源,j} = AD_j \times EF_j \tag{9-3}$$

式中：$E_{化石能源,j}$为化石燃料燃烧所产生的二氧化碳排放量（tCO_2）；AD_j为第j种化石燃料活动水平（t或万m^3）；EF_j为第j种化石燃料的排放系数（tCO_2/t或$tCO_2/$万m^3）。

服务区购入热力产生的二氧化碳排放量按式（9-4）计算：

$$E_{购入热,i} = AD_{购入热,i} \times EF_{热} \tag{9-4}$$

式中,$E_{购入热,i}$为核算单元i购入热力所产生的二氧化碳排放量（tCO_2）；$AD_{购入热,i}$为核算期内核算单元i购入热力（GJ）；$EF_{热}$为热力消费的排放因子（tCO_2/GJ）。

服务区运营阶段一定时期内自产绿电和固碳对应的碳减排量（R）应按式（9-5）计算：

$$R = \sum (R_{绿电,i} + R_{碳汇}) \tag{9-5}$$

式中,服务区利用光伏、风力等自产绿电的碳减排量按式（9-6）计算：

$$R_{绿电,i} = AD_{绿电,i} \times EF_{电} \tag{9-6}$$

式中,$R_{绿电,i}$为核算单元i自产绿电所减少的二氧化碳排放量（tCO_2）；$AD_{绿电,i}$为核算期内核算单元i输出电力（$MW \cdot h$）；$EF_{电}$为区域电网年平均供电排放因子[$tCO_2/(MW \cdot h)$]。

服务区植物固碳吸收并存储的二氧化碳量按式（9-7）计算：

$$R_{碳汇} = \frac{44}{12} \times AD_i \times EF_i \tag{9-7}$$

式中,$R_{固碳}$为服务区固碳量（tCO_2）；AD_i为核算期内各树种面积（hm^2）；EF_i为各常见树种净固碳量（tCO_2/hm^2）。

服务区碳减排率按式（9-8）计算：

$$R_r = \frac{R}{E} \times 100\% \tag{9-8}$$

式中,R_r 为服务区碳减排率(%);R 为服务区自产绿电和固碳对应的碳减排量(tCO_2);E 为服务区二氧化碳排放总量(tCO_2)。

相关参数汇总表见表 9-7。

相关参数汇总表　　　表 9-7

类别	活动数据单位	碳排放因子	
烟煤	吨(t)	2.0715	tCO_2/t
汽油	吨(t)	3.0425	tCO_2/t
柴油	吨(t)	3.1451	tCO_2/t
液化石油气	吨(t)	2.9538	tCO_2/t
天然气	万立方米(万 m^3)	21.6219	$tCO_2/$万 m^3
液化天然气	吨(t)	2.3253	tCO_2/t
甲醇	吨(t)	1.375	tCO_2/t
热力	吉焦(GJ)	0.11	tCO_2/GJ
东北区域电网	吨(t)	0.7769	$tCO_2/(MW \cdot h)$
华北区域电网	吨(t)	0.8843	$tCO_2/(MW \cdot h)$

注:各材料排放系数参照《陆上交通运输企业温室气体排放核算方法与报告指南》等相关指南计算给定。供热的 CO_2 排放因子暂按 0.11 tCO_2/GJ 计,待政府主管部门发布官方数据后采用发布数据并保持更新。电力排放因子选用国家主管部门最近年份发布的相应区域电网排放因子。

3)评价

(1)评价申请。服务区在申请碳评价时,应提交相应的技术分析、能源数据报告和相关文件。

(2)评价方式。申请评价的服务区提交相应材料后,由相应的交通运输主管部门委托具有评估条件的第三方评价机构进行评价。第三方评价机构应具备独立法人资格,具备绿色交通和碳排放核算等方面的专业技术团队和项目经验。

(3)第三方评价流程。评价机构可通过审查申请单位提交的技术资料、实地调查、人员座谈、抽样调查等方式收集评价证据,并确保证据的完整性和准确性。

评价所需的技术资料包括:①服务区基本信息,包含服务区占地面积、建筑面积、绿地面积、开通运营时间、车流量、驶入量等;②服务区控制指标要求满足情况,包括建筑指标、环境指标、停车功能、供暖方式、可再生能源利用、充电桩、碳排放管理制度、低碳宣传等;③服务区运营阶段一定时期内的能耗及碳排放核算报告,包括服务区各种形式能耗及碳排放量、可再生能源发电量及碳减排量、服务区固碳量、服务区碳抵消方式及碳抵消量,需附相关凭证或证明材料。

如图9-1所示,评价机构可按照以下步骤评价服务区:①确定评价主体和计算边界;②按照评价对象和周期开展控制指标评价,并进行碳排放量核算;③根据评价和核算结果,进行等级划分;④编制零碳服务区评价报告。

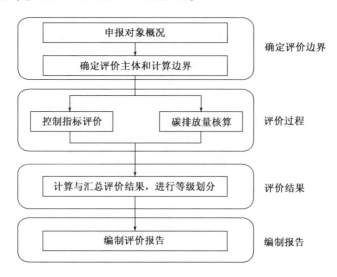

图9-1 零碳服务区评价工作流程

(4)评价报告。评价机构应对服务区提交的技术分析、数据报告和相关文件进行审查,在满足控制指标要求的前提下,进行服务区碳排放核算,出具评价报告。

(5)认定结论。交通运输主管部门根据第三方评价机构的评价结论,对通过评价的项目进行最终认定并颁发证书,结论应该包括:①服务区基本信息;②服务区温室气体核算边界和排放量;③服务区覆盖的时间段(年份);④服务区实现类型及等级。

9.3 公路基础设施碳排放核算

9.3.1 公路工程施工过程碳排放核算模型

1)公路工程施工过程碳排放计算模型

在公路生命周期碳排放理论框架的基础上,对公路工程建设期碳排放要素进行分析,基于公路工程建设期计量单元过程划分方法,构建"分单位-分部-分项"结构化的建设期碳排放测算模型。基于LCA评价方法,总结公路工程建设期碳排放分析常用的能耗因子、碳排放因子,并形成适合公路工程建设期碳排放核算需要的排放因子数据库。基于固体废物材料的实际应用方式,形成固体废物材料碳排放核算参数库。

将公路工程建设期碳排放分为两个部分进行核算,一部分为公路工程内源性碳排放计算模型,用于核算公路基础设施建设过程本身所直接产生的碳排放,内源性碳排放核算引入公路建设工程计量单元划分标准,分析公路建设阶段直接产生碳排放来源、构成和影响因素,构建内源性碳排放测算模型;另一部分为公路工程外源性碳排放计算模型,用于核算公路工程建设过程中因使用建材等材料在外生产系统已经产生的能源消耗以及碳排放量,根据单元过程碳排放来源建立碳排放测算模型。

在模型构建的基础上,通过文献调研、数据库检索、标准规范研究等方式,总结公路工程建设期碳排放分析常用的能耗因子、碳排放因子,并形成适合公路工程建设期碳排放核算需要的排放因子数据库。将计算模型应用于示范工程建设期碳排放量核算,给出示范工程建设期碳排放总量。根据不同固体废物材料的实际应用方式,综合考虑固体废物材料在替代材料中的应用比例,形成固体废物利用的公路工程建设期碳排放核算参数,并为公路工程工业固体废物应用减碳效益分析提供基础。

2)公路工程工业固体废物应用碳减排效益

从资源消耗、能源节约等方面入手,构建评估指标体系和评估模型,建立不同类型工业固体废物材料(钢渣、粉煤灰等)及被替代的原生建设材料(碎石、土方等)碳减排效益评估模型,并依托工程项目,开展模型的验证和修正,定量评估不同种类工业固体废物在公路工程应用的碳减排效益。遵循全寿命周期成本理念,从资源消耗、能源节约等方面入手,采用层次分析和多目标决策分析等方法构建评估指标体系,采用情景分析和主成分分析等方法构建评估模型,分别建立不同类型工业固体废物材料(钢渣、粉煤灰等)及被替代的原生建设材料(碎石、土方等)碳减排效益评估模型。

9.3.2 公路工程施工过程碳排放核算方法

1)基本概念

(1)公路基础设施碳排放指公路基础设施在与其有关的材料生产、运输及过程中产生的温室气体排放的总和,以二氧化碳当量表示。

(2)公路基础设施碳排放核算边界为与公路基础设施材料生产、运输及施工过程等活动相关的温室气体排放的核算范围。

（3）碳排放度量单位指公路基础设施碳排放的核算单位为km，评价指标为CO2e/单位。

（4）公路基础设施碳排放因子指将能源与材料消耗量与二氧化碳排放相对应的系数，用于量化公路基础设施不同阶段相关活动的碳排放量。

（5）公路基础设施碳排放核算对象应以单位工程或合同段为核算对象。公路基础设施包括路基、路面、桥涵、隧道、交通工程及沿线设施。公路基础设施碳排放核算应按不同需求按阶段进行核算，应包括与其有关的材料生产、运输及施工过程中产生的碳排放，并可将各分段核算结果累计。

2）参数选取

（1）材料生产阶段碳排放因子可根据需求选取参数，主要建材的碳排放因子见表9-8、主要能源的碳排放因子见表9-9。

材料生产阶段系数中主要材料的碳排放因子　　　　表9-8

材料	单位	碳排放因子（kgCO2e/单位）
普通硅酸盐水泥（市场平均）	t	735
C30 混凝土	m³	295
C50 混凝土	m³	385
石灰生产（市场平均）	t	1190
消石灰（熟石灰、氢氧化钙）	t	747
天然石膏	t	32.8
砂	t	2.51
碎石（$d=10\sim30$mm）	t	2.18
页岩石	t	5.08
黏土	t	2.69
炼钢生铁	t	1700
铸造生铁	t	2280
炼钢用铁合金（市场平均）	t	9530
转炉碳钢	t	1990
电炉碳钢	t	3030
普通碳钢（市场平均）	t	2050
热轧碳钢小型型钢	t	2310

续上表

材　　料	单位	碳排放因子（kgCO2e/单位）
热轧碳钢中型型钢	t	2365
热轧碳钢大型轨梁（方圆坯、管坯）	t	2340
热轧碳钢大型轨梁（重轨、普通型钢）	t	2380
热轧碳钢中厚板	t	2400
热轧碳钢H钢	t	2350
热轧碳钢宽带钢	t	2310
热轧碳钢钢筋	t	2340
热轧碳钢高线材	t	2375
热轧碳钢棒材	t	2340
螺旋埋弧焊管	t	2520
大口径埋弧焊直缝钢管	t	2430
焊接直缝钢管	t	2530
热轧碳钢无缝钢管	t	3150
冷轧冷拔碳钢无缝钢管	t	3680
碳钢热镀锌板卷	t	3110
碳钢电镀锌板卷	t	3020
碳钢电镀锡板卷	t	2870
酸洗板卷	t	1730
冷轧碳钢板卷	t	2530
冷硬碳钢板卷	t	2410
无规共聚丙烯管	kg	3.72
聚乙烯管	kg	3.6
硬聚氯乙烯管	kg	7.93
岩棉板	t	1980
硬泡聚氨酯板	t	5220
铝塑复合板	m^3	8.06
铜塑复合板	m^3	37.1
铜单板	m^3	218
普通聚苯乙烯	t	4620
线性低密度聚乙烯	t	1990

续上表

材 料	单位	碳排放因子（kgCO2e/单位）
高密度聚乙烯	t	2620
低密度聚乙烯	t	2810
聚氯乙烯（市场平均）	t	7300
自来水	t	0.168
木材	m^3	146.3

材料生产阶段系数中主要能源的碳排放因子表　　表9-9

能　源	单位	碳排放因子（tCO2e/单位）
电力	MW·h	0.93
重油	t	3.06
汽油	t	2.929
柴油	t	3.1
燃料油	t	3.174
NGL（天然气凝液）	t	3.183
LPG（液化石油气）	t	3.105
天然气	t	1.978
煤制气	t	2.474

（2）运输车辆每台班 CO_2 排放量应符合表9-10～表9-14的规定，包含各类型自卸汽车、载货汽车、机动翻斗车、手扶拖拉机、混凝土搅拌运输车每台班 CO_2 排放量。

根据《公路工程机械台班费用定额》（JTG/T 3833—2018）可知各类型运输汽车每台班燃料消耗量，结合各燃料碳排放因子做乘法运算，最后得出各类型运输汽车每台班碳排放量。

各类型自卸汽车每台班 CO_2 排放量　　表9-10

自卸汽车类型	型　号	燃料类型	每台班燃料消耗量（kg）	CO_2 排放量（$kgCO_2$/台班）
3t 以内自卸汽车	—	汽油	34.29	100.44
5t 以内自卸汽车	CA340	汽油	41.91	122.75
6t 以内自卸汽车	CA/CQ340X	柴油	44.00	136.40
8t 以内自卸汽车	QD351	柴油	49.45	153.30
10t 以内自卸汽车	QD361	柴油	55.32	171.49
12t 以内自卸汽车	T138、SX360	柴油	61.60	190.96

续上表

自卸汽车类型	型号	燃料类型	每台班燃料消耗量（kg）	CO_2排放量（$kgCO_2$/台班）
15t 以内自卸汽车	SH361、T815	柴油	67.89	210.46
20t 以内自卸汽车	BJ374	柴油	77.11	239.04
30t 以内自卸汽车	—	柴油	90.10	279.31

各类型载货汽车每台班 CO_2 排放量　　　　　　　　　　　表 9-11

载货汽车类型	型号	燃料类型	每台班燃料消耗量（kg）	CO_2排放量（$kgCO_2$/台班）
4t 以内载货汽车	CA10B	汽油	34.29	100.44
6t 以内载货汽车	CA141K、CA1091K	柴油	39.24	121.64
8t 以内载货汽车	JN150	柴油	44.95	139.35
10t 以内载货汽车	JN161、JN162	柴油	50.29	155.90
15t 以内载货汽车	SH161、T815	柴油	61.72	191.33
20t 以内载货汽车	CQ30290/38	柴油	81.14	251.53

机动翻斗车每台班 CO_2 排放量　　　　　　　　　　　表 9-12

机动翻斗车类型	型号	燃料类型	每台班燃料消耗量（kg）	CO_2排放量（$kg\ CO_2$/台班）
1t 以内机动翻斗车	F10A	柴油	9.00	27.90

手扶拖拉机每台班 CO_2 排放量　　　　　　　　　　　表 9-13

手扶拖拉机类型	型号	燃料类型	每台班燃料消耗量（kg）	CO_2排放量（$kg\ CO_2$/台班）
9kW 以内手扶拖拉机	东方12/工农12	柴油	10.27	31.84

混凝土搅拌运输车每台班 CO_2 排放量　　　　　　　　　　　表 9-14

混凝土搅拌运输车类型	型号	燃料类型	每台班燃料消耗量（kg）	CO_2排放量（$kg\ CO_2$/台班）
3m³ 以内混凝土搅拌运输车	JCQ3	柴油	40.23	124.71
6m³ 以内混凝土搅拌运输车	MR45	柴油	55.32	171.49
8m³ 以内混凝土搅拌运输车	—	柴油	100.57	311.77
10m³ 以内混凝土搅拌运输车	—	柴油	115.66	358.55

(3)不同施工机械每台班 CO_2 排放量应符合表9-15～表9-20的规定,包含各类拌和设备、摊铺设备、压实设备、辅助施工设备、起重及垂直运输机械、打桩与钻孔机械的每台班 CO_2 排放量。

根据《公路工程机械台班费用定额》(JTG/T 3833—2018)可知各类型机械设备每台班燃料消耗量,结合各燃料碳排放因子做乘法运算,最后得出各类型机械设备每台班碳排放量。

各类拌和设备每台班 CO_2 排放量　　　　表9-15

机械设备类型	型　号	燃料类型	每台班燃料消耗量(kg)	CO_2排放量(kg CO_2/台班)
30t/h 以内沥青拌和设备	LB-30	重油	897.60	3326.99
		电力	624.02	
60t/h 以内沥青拌和设备	LB800	重油	1795.20	6748.69
		电力	1618.42	
120t/h 以内沥青拌和设备	LB1500	重油	5170.18	17325.88
		电力	1618.42	
160t/h 以内沥青拌和设备	LB2000	重油	6893.57	23531.74
		电力	2620.88	
240t/h 以内沥青拌和设备	LB3000	重油	10340.35	35263.90
		电力	3895.09	
320t/h 以内沥青拌和设备	H40000	重油	13787.14	46979.24
		电力	5151.17	
380t/h 以内沥青拌和设备	—	重油	16372.22	55782.56
		电力	6111.36	
15m³/h 以内混凝土搅拌站	HZ15	电力	254.63	236.81
25m³/h 以内混凝土搅拌站	HZQ25	电力	289.04	268.81
40m³/h 以内混凝土搅拌站	HZS40	电力	406.03	377.61
60m³/h 以内混凝土搅拌站	HZS60	电力	701.96	652.82
90m³/h 以内混凝土搅拌站	HZS90	电力	853.36	793.62
250L 以内强制式混凝土搅拌机	JD250	电力	54.20	50.41
350L 以内强制式混凝土搅拌机	JD350	电力	90.33	84.01

续上表

机械设备类型	型　号	燃料类型	每台班燃料消耗量(kg)	CO_2排放量(kg CO_2/台班)
500L 以内强制式混凝土搅拌机	JW500、JS500	电力	120.43	112.00
750L 以内强制式混凝土搅拌机	JS750	电力	180.65	168.00
1000L 以内强制式混凝土搅拌机	JW1000、JS1000	电力	223.66	208.00
1500L 以内强制式混凝土搅拌机	JS1500	电力	348.40	324.01
50t/h 以内稳定土厂拌设备	WBC-50	电力	141.69	511.26
100t/h 以内稳定土厂拌设备	WBC-100	电力	209.70	131.77
200t/h 以内稳定土厂拌设备	WBC-200	电力	408.06	195.02
300t/h 以内稳定土厂拌设备	WBC-300	电力	549.74	379.50
400t/h 以内稳定土厂拌设备	WBC-400	电力	697.10	648.30
500t/h 以内稳定土厂拌设备	WBC-500	电力	782.11	727.36
235kW 自行式稳定土拌和机	—	柴油	54.27	168.24

各类摊铺设备每台班 CO_2 排放量　　　　表 9-16

机械设备类型	型　号	燃料类型	每台班燃料消耗量(kg)	CO_2排放量(kg CO_2/台班)
4.5m 以内沥青混合料摊铺机（不带找平）	LT-6A	柴油	32	99.20
4.5m 以内沥青混合料摊铺机（带找平）	2LTZ45	柴油	42.06	130.39
6m 以内沥青混合料摊铺机	S1500、S1502	柴油	46.63	144.55
9m 以内沥青混合料摊铺机	S1700	柴油	96	297.60
12.5m 以内沥青混合料摊铺机	S2000	柴油	136.23	422.31
3~9m 滑膜式水泥混凝土摊铺机	SF30	柴油	83.66	259.35

续上表

机械设备类型	型 号	燃料类型	每台班燃料消耗量(kg)	CO_2排放量(kg CO_2/台班)
2.5~4.5m轨道式水泥混凝土摊铺机	HTG4500	柴油	48	148.80
90kW以内自行式平地机	F105	柴油	60.13	186.40
120kW以内自行式平地机	F155	柴油	82.13	254.60
150kW以内自行式平地机	F205	柴油	107.8	334.18
7.5m以内稳定土摊铺机	WTU75	柴油	55.07	170.72
9.5m以内稳定土摊铺机	WTU95	柴油	85.87	266.20
12.5m以内稳定土摊铺机	WTU125	柴油	136.27	422.44

各类压实设备每台班 CO_2 排放量　　　　表9-17

机械设备类型	型 号	燃料类型	每台班燃料消耗量(kg)	CO_2排放量(kg CO_2/台班)
6~8t光轮压路机	2Y-6/8	柴油	19.20	59.52
12~15t光轮压路机	3Y-12/15	柴油	40.00	124
18~21t光轮压路机	3Y-18/21	柴油	59.20	183.52
10t以内振动压路机（双钢轮）	YZC-10	柴油	54.40	168.64
15t以内振动压路机（双钢轮）	YZC-15	柴油	80.80	250.48
20t以内振动压路机	YZ18A、YZJ19A	柴油	105.60	327.36
9~16t轮胎压路机	YL16	柴油	33.60	104.16
16~20t轮胎压路机	YL20	柴油	42.40	131.44
20~25t轮胎压路机	YL27	柴油	50.40	156.24

各类辅助施工设备每台班 CO_2 排放量　　　　表9-18

机械设备类型	型 号	燃料类型	每台班燃料消耗量(kg)	CO_2排放量(kg CO_2/台班)
1m³以内轮胎式装载机	ZL20	柴油	49.03	151.993
2m³以内轮胎式装载机	ZL40	柴油	92.86	287.866
3m³以内轮胎式装载机	ZL50	柴油	115.15	356.965
8000L以内沥青洒布车	LS-7500	柴油	49.37	153.047

续上表

机械设备类型	型号	燃料类型	每台班燃料消耗量(kg)	CO_2排放量(kg CO_2/台班)
石屑撒布车	SA3	柴油	32.91	102.021
10000L 洒水车	YGJ5170GSSJN	柴油	52.8	163.680
75kW 以内履带式拖拉机	—	柴油	54.27	168.237
75kW 以内履带式推土机	TY100	柴油	54.97	170.407
水泥混凝土电动真空吸水组	含吸垫 5m×5m	电力	16.58	15.4194
混凝土电动刻纹机	RQF180	电力	37.89	35.2377
混凝土电动切缝机	SLF	电力	18.95	17.6235

各类起重及垂直运输机械每台班 CO_2 排放量　　表9-19

机械设备类型	型号	燃料类型	每台班燃料消耗量(kg)	CO_2排放量(kg CO_2/台班)
提升质量50t 内履带式起重机	QUY50A	柴油	88	272.800
提升质量100t 内履带式起重机	—	柴油	114.82	355.942
提升质量200t 内履带式起重机	—	柴油	152.96	474.176
提升质量300t 内履带式起重机	—	柴油	176.42	546.902
提升质量25t 轮胎式起重机	QLY25	柴油	49.45	153.295
提升质量60t 轮胎式起重机	—	柴油	80.46	249.426
提升质量50t 汽车式起重机	QY50	柴油	51.96	161.076
提升质量200t 汽车式起重机	—	柴油	113.15	350.765
提升质量400t 汽车式起重机	—	柴油	328.3	1017.730
最高作业高度20m 内的高空作业车	QYJ5060JGKZ18	柴油	44.84	139.004

续上表

机械设备类型	型号	燃料类型	每台班燃料消耗量(kg)	CO_2排放量(kg CO_2/台班)
最大提升质量12t、最大提升高度200m 塔式起重机(附着式)	QT125、QTZ125	电力	226.7	210.83
提升质量40t桅杆式起重机	WD40	电力	277.71	258.27
提升质量100t跨度30m的门式起重机	—	电力	308.88	287.26
跨缆起重机	—	电力	473.23	440.10
行走式桥面起重机	—	柴油	523.29	1622.20
牵引力500kN以内单通慢动的电动卷扬机	JJM-50	电力	261.11	242.83
牵引力100kN以内单通快动的电动卷扬机	JJK-10	电力	130.55	121.41
牵引力250kN以内双通慢动的电动卷扬机	JJ2M-25	电力	218.6	203.30
牵引力100kN以内双通快动的电动卷扬机	JJ2K-10	电力	194.31	180.71
带长30×带宽0.5的皮带运输机	—	电力	57.69	53.65
提升质量30t以内的电动葫芦	MD型 H=12m	电力	127.52	118.59
提升质量20t以内的内燃叉车	—	柴油	38.4	119.04
提升高度150m以内的单笼施工电梯	—	电力	63.76	59.30
提升高度400m以内的双笼施工电梯	—	电力	184.19	171.30

各类打桩与钻孔机械每台班 CO_2 排放量　　　　表 9-20

机械设备类型	型　号	燃料类型	每台班燃料消耗量(kg)	CO_2 排放量(kg CO_2/台班)
锤质量 1.8t 的导杆式柴油打桩机	DD18 耗油 6.9L/h	柴油	37.86	147.5445
		电力	32.45	
锤质量 3.5t 的轨道式柴油打桩机	DZ35	柴油	14.26	113.026
		电力	74	
锤质量 0.5t 重锤打桩机	DZ500	电力	135.66	126.16
600kN 激振力的振动打拔桩机	—	电力	289.83	269.54
1500kN 激振力的振动打拔桩锤	ZD150	电力	511.16	475.38
10000kN 压力的液压式静力压桩机	—	柴油	125.55	389.205
机动冲击钻机	28 型	柴油	33	102.3
JK10 型电动冲击钻机	75kW	电力	260.04	241.84
钻孔直径 2500mm 以内冲击反循环钻机	YCJF-25	电力	620.51	577.07
钻孔直径 3500mm 以内回旋钻机	—	电力	1327.36	1234.44
钻孔直径 2000mm 以内汽车式钻孔机	SPC300H,GJC40H	电力	89.05	135.4235
		柴油	16.97	
钻孔直径 2500mm 以内潜水钻机	RRC-20B 含砂石	电力	755.41	702.53
钻孔直径 2000mm 以内全套管钻孔机	MT200	柴油	206	638.6
钻孔直径 2000mm 以内履带式旋挖钻机	—	电力	179.78	167.20
旋挖钻机	SR280R	柴油	330	1023
泥浆制作循环设备	—	电力	144	133.92
泥浆分离器	—	电力	48	44.64
容量 100~150L 泥浆搅拌机	—	电力	10.5	9.77
75kW 振冲器	—	电力	372.75	346.66
钻孔直径 800mm 以内螺旋钻孔机	—	电力	404.25	375.95

续上表

机械设备类型	型号	燃料类型	每台班燃料消耗量(kg)	CO_2排放量(kg CO_2/台班)
铣槽机	CBC25/MBC30	柴油	216	669.6
履带式液压抓斗成槽机	KH180MHL-800	柴油	110.1	341.31
履带式绳索抓斗成槽机	550A-50MHL-630	柴油	138.28	428.668
液压冲击重凿机	—	柴油	147.83	458.273
锁口管顶升机	—	柴油	63.89	198.059
标准高度18m的高压旋喷钻机	XP-30	电力	135.69	126.19
粉体发送设备	GS-1	电力	8.19	7.62
排除压力44MPa高压注浆泵	GZB-40A	电力	49.14	45.70
搅拌深度25m以内的深层喷射搅拌机	GPP-5B	电力	282.56	262.78
100L以内低速搅拌器	—	电力	14	13.02
刨边机	—	电力	75.89	70.58
3kW以内的电动手持冲击钻	—	电力	18	16.74
27.2kW的护栏液压打桩(钻孔)机	—	柴油	22.78	70.618

(4)公路基础设施施工阶段碳排放边界如图9-2所示。

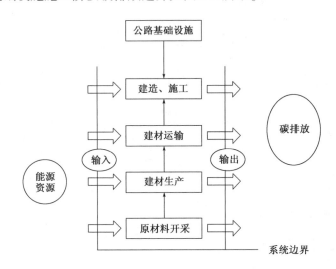

图9-2 公路基础设施碳排放系统边界

3）公路基础设施碳排放核算范围

公路基础设施碳排放核算范围包括公路新建和改扩建阶段产生的碳排放，具体包括路基、路面、桥涵、隧道、交通工程及沿线设施等公路构筑物在施工阶段产生的碳排放。

(1)路基碳排放核算范围。主要包括一般路基、路基排水工程、路基防护与支挡工程等不同构成部分施工阶段产生的碳排放。路基填筑主要构成见表9-21。

路基填筑主要构成 表9-21

结构类型	主 要 部 分
一般路基	路床、挖方路基、填土路堤、填石路堤、土石路堤、高路堤与陡坡路堤、台背与墙背填筑、粉煤灰路堤、土工泡沫塑料路堤、泡沫轻质土路堤、煤矸石路堤、工业废渣路堤、填砂路堤
路基排水工程	地表排水工程、地下排水工程
路基防护与支挡工程	植物防护、坡面工程防护、沿河路基防护、边坡锚固、重力式挡土墙、石笼式挡土墙、悬臂式和扶壁式挡土墙、锚杆挡土墙、锚定板挡土墙、加筋土挡土墙、抗滑桩、土钉支护、柔性防护网系统

(2)路面碳排放核算范围。公路路面结构形式主要包括沥青路面和水泥混凝土路面。路面碳排放核算的范围主要包括面层、基层（底基层）、垫层等不同构成部分施工阶段产生的碳排放。路面铺筑主要构成见表9-22。

路面铺筑主要构成 表9-22

结构类型	主 要 部 分
面层	沥青混凝土面层、水泥混凝土面层、沥青贯入式面层、沥青碎石面层、沥青表面处置面层
基层（底基层）	稳定土基层和底基层、稳定粒料基层和底基层、级配碎石基层和底基层、填隙碎石基层和底基层
垫层	透层、黏层、封层、沥青表面处置层

(3)桥涵碳排放核算范围。桥涵碳排放核算的主要范围包括梁式桥、板拱桥、肋拱桥、箱形拱桥、双曲拱桥、刚架拱桥、桁架拱桥、钢—混凝土组合拱桥、悬索桥、斜拉桥等各类桥梁施工阶段产生的碳排放。桥梁建设主要构成见表9-23。

桥梁建设主要构成 表9-23

结 构 类 型	主 要 部 分
梁式桥	上部承重构件、桥墩、桥台、基础、支座
板拱桥（圬工、混凝土）、肋拱桥、箱形拱桥、双曲拱桥	主拱圈、拱上结构、桥面板、桥墩、桥台、基础

续上表

结构类型	主要部分
刚架拱桥、桁架拱桥	刚架(桁架)拱片、横向联结系、桥面板、桥墩、桥台、基础
钢—混凝土组合拱桥	拱肋、横向联结系、立柱、吊杆、系杆、行车道板(梁)、支座
悬索桥	主缆、吊索、加劲梁、索塔、锚碇、桥墩、桥台、基础、支座
斜拉桥	斜拉桥(包括锚具)、主梁、索塔、桥墩、桥台、基础、支座

(4)隧道碳排放核算范围。隧道碳排放核算的主要范围包括洞身开挖、围岩支护、防排水系统、衬砌、路面、装饰和施工通风照明等各类工程在施工阶段产生的碳排放。隧道施工主要构成见表9-24。

(5)交通工程及沿线设施碳排放核算范围。交通工程及沿线设施碳排放核算的主要范围包括交通安全设施、绿化工程及声屏障工程等各类工程施工阶段产生的碳排放。交通工程及沿线设施主要构成见表9-25。

隧道施工主要构成　　　　　表9-24

构成	主要部分
洞身开挖	炸药、电能、钢材
围岩支护	钢材、水泥、砂、碎石、柴油、电能
防排水系统	钢材、高密度聚乙烯、水泥、砂、碎砾石
衬砌	水泥、钢材、中粗砂、碎石、柴油、电能
路面	钢材、水泥、砂、矿粉、石屑、碎砾石、聚丙烯、沥青、汽油、柴油、电能
装饰	钢材、水泥、瓷砖、砂、涂料
施工通风照明	电能

交通工程及沿线设施主要构成　　　　　表9-25

构成	主要部分
交通安全设施	交通标志、交通标线、波形梁钢护栏、混凝土护栏、缆索护栏、突起路标、轮廓标、防眩设施、隔离栅和防落物网、中央分隔带开口护栏、里程碑和百米桩、避险车道
绿化工程	绿地整理、树木栽植、草坪草本地被及花卉种植、喷播绿化
声屏障工程	砌块体声屏障、金属结构声屏障、复合结构声屏障

4)碳排放量核算方法

公路基础设施碳排放应包括与其有关的材料生产、运输及施工三个阶段的碳排放。

(1)材料生产阶段碳排放应按下式计算:

$$C = \sum M_i \lambda_i \tag{9-9}$$

式中，C 为材料生产阶段产生碳排放量，$kgCO_2e$；M_i 为第 i 种主要材料的耗用量；λ_i 为第 i 种主要材料的碳排放因子（$kgCO_2e$/单位材料数量）。

公路基础设施的主要材料消耗量（M_i）应通过查询设计图纸、采购清单等工程建设相关技术资料确定。

（2）材料运输阶段碳排放应按下式计算：

$$E_t = \sum_{d=1}^{m}\sum_{i=1}^{n}(N_{di} \times D_{di} \times F_d \times FC_d \times M_i) \tag{9-10}$$

式中，E_t 为运输汽车运输材料过程产生碳排放量，kg；N_{di} 为运输汽车 d 运输单位质量或体积材料每千米所消耗台班量，台班；D_{di} 为运输汽车 d 运输单位质量或体积材料 i 的运距，km；F_d 为运输汽车 d 每台班燃料材料消耗量，kg；FC_d 为运输汽车 d 所用燃料材料的 CO_2 排放因子，$kgCO_2/kg$；M_i 为所需运输材料 i 的体积或质量，m^3 或 t。

《公路工程机械台班费用定额》中各类运输汽车的运输定额表中工程内容包括了材料运送、材料卸货以及空车运回，因此，D_{di} 是指材料送运点到运达点所用单运距离。根据《公路工程机械台班费用定额》可知各类型运输汽车每台班燃料消耗量，结合主要能源的碳排放因子表中各燃料碳排放因子做乘法运算，可以得出各类型运输汽车每台班碳排放量。

（3）施工阶段的碳排放应按下式计算：

$$E_n = \sum_{j=1}^{n}(N_j \times F_j \times FC_j) \tag{9-11}$$

式中：E_n 为机械设备作业产生碳排放量，kg；j 为机械设备类型 j，$j = 1,\cdots,n$；N_j 为机械设备 j 台班量，台班；F_j 为机械设备 j 每台班燃料材料用量，kg 或 kW·h；FC_j 为机械设备 j 所用燃料材料的 CO_2 排放因子，$kgCO_2/kg$ 或 $kgCO_2/kW·h$。

根据《公路工程机械台班费用定额》可知各类型施工机械每台班燃料消耗量，结合主要能源的碳排放因子表中各燃料碳排放因子做乘法运算，可以得出各类型施工机械每台班碳排放量。

9.4 绿色交通基础设施建设策略建议

（1）将生态优先、绿色发展理念贯穿基础设施建设、管理、运营、养护全过程。加强交通基础设施节能设计，推广智能通风、节能灯具、隔声屏障等节能环保技术和产品，推进交通基础设施的施工和养护装备机械新能源化。

（2）优化路网结构，提升公路通行效率。推进干线公路互联互通工程，建设或改建待贯通路段和不达标路段，扎实提升公路网通达水平。

（3）推广应用节能环保材料，推动大宗固体废物资源化利用。大力推广节能环保材料、工艺在交通基础设施上的应用，有序推行废旧沥青路面、钢材、水泥、混凝土等材料深度再生和循环利用技术。鼓励交通运输企业建立大宗固体废物综合利用示范基地，支持粉煤灰、冶炼渣等大宗固体废物在交通基础设施建设中的应用。

（4）推动光伏发电与交通基础设施融合发展。分区域构建分布式光伏交通能源系统，新建公路场站、铁路场站、民用运输机场、物流枢纽、仓储分拣设施等按照"能设尽设"的原则增设光伏设施。鼓励光伏发电、储能与充电设施一体化建设，促进交通基础设施网与配电网融合发展。

第10章 大宗工业固体废物资源化利用路径研究

10.1 大宗工业固体废物在交通建设领域利用的背景

2022年9月6日,习近平总书记主持召开中央全面深化改革委员会第二十七次会议强调,"健全关键核心技术攻关新型举国体制,全面加强资源节约工作。""要完整、准确、全面贯彻新发展理念,坚持把节约资源贯穿于经济社会发展全过程、各领域,推进资源总量管理、科学配置、全面节约、循环利用,提高能源、水、粮食、土地、矿产、原材料等资源利用效率,加快资源利用方式根本转变。"❶会议指出,要突出抓好能源、工业、建筑、交通等重点领域资源节约,发挥科技创新支撑作用,促进生产领域节能降碳。

《交通运输部关于印发〈绿色交通"十四五"发展规划〉的通知》(交规划发〔2021〕104号),鼓励工业固体废物在交通建设领域的规模化应用。《内蒙古自治区人民政府办公厅关于印发2022年自治区全社会重点领域资源节约集约利用工作要点的通知》(内政办发〔2022〕44号)要求将"固废资源化利用技术研究与示范"方向纳入自治区2022年重点研发和成果转化计划,组织实施一批科技计划项目。推进大宗工业固体废物在交通建设领域的利用,是深入贯彻习近平生态文明思想,坚定不移走以生态优先、绿色发展为导向的高质量发展新路子的具体体现,对加快建立健全绿色低碳循环发展经济体系,落实节约资源、循环利用总要求,推动高质量发展具有重要意义。

---

❶ 出自《人民日报》(2022年09月07日01版)。

10.2 典型省（区、市）大宗工业固体废物在交通建设领域利用研究

10.2.1 利用的必要性

大宗工业固体废物是指我国各工业领域在生产活动中年产生量在1000万t以上、对环境和安全影响较大的固体废物。内蒙古自治区通过多年的发展初步形成了煤、电、钢、铝等工业产业，产生了大量的大宗工业固体废物。2021年，内蒙古自治区产生总固体废物43650万t，主要包括尾矿11402万t、煤矸石8721万t、粉煤灰7367万t、冶炼渣2499万t、炉渣3068万t，年利用量为16347万t，年利用率仅为37.5%，年处置量为17967万t，累计储存量为46651万t。

2021年度，内蒙古自治区尾矿、冶炼渣、粉煤灰、炉渣、煤矸石等工业固体废物产量、利用率、储存量如图10-1所示。目前，欧美、日本工业固体废物综合利用率90%以上，全国工业固体废物综合利用率55%以上，相较之下自治区工业固体废物利用率较低，未利用工业固体废物的堆存占用大量土地资源，存在环境污染隐患。2022年，中央第三生态环境保护督察组通报了内蒙古自治区部分城市工业固体废物处置和利用能力不足、固体废物渣场堆存量大、环境风险突出的问题。

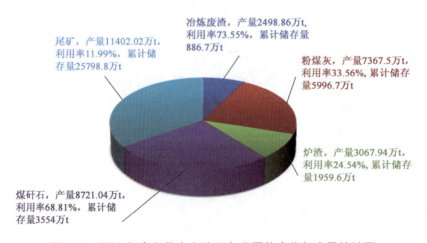

图10-1 2021年度内蒙古自治区各类固体废物年产量统计图

"十四五"期间,内蒙古自治区规划的3万km公路建设和21万公里养护工程,需碎石约5.9亿t,路基填料约25亿t,大量土石方开采会对自然生态环境造成破坏和影响。筑路材料生产、加工、运输产生的碳排放量较大,迫切需要可替代材料。根据内蒙古自治区工业固体废物分布情况及大量利用工业固体废物的需求,依据技术相对成熟、工艺相对简单、应用量较大的原则以及现有工程实践经验,确定采用固体废物类型,工业固体废物消纳和筑路材料替代形成了供需契合的互补态势。

10.2.2 利用的可行性

国内外研究和实践证明,冶炼渣、粉煤灰、煤矸石、尾矿等工业固体废物经过加工可以在交通建设领域广泛应用。近年来,山西、河北、湖北、重庆等多个省(区、市)在交通建设领域大量使用了工业固体废物,效果良好。内蒙古自治区也进行了一些应用研究,在包东高速公路、荣乌高速公路建设中成功应用了钢渣及粉煤灰。

工业固体废物在交通建设领域利用的效益明显。生态环保效益明显。工业固体废物利用可以减少堆存占地,降低环境污染风险,避免开采取料对自然生态环境的破坏,绿色降碳效益明显。公路建设工程取料限制越来越严,难度越来越大。工业固体废物利用可以有效解决工程取料难题,减少材料生产、加工、运输的能耗和碳排放,推动交通基础设施建设实现绿色发展、转型发展、可持续发展,经济社会效益明显。交通基础设施建设材料费约占总投资的50%,工业固体废物规模化利用可大幅降低工程成本,同时节约固体废物堆存费用,倡导资源节约集约循环利用可有效提升社会参与度和积极性,有助于实现以最小的资源消耗取得最大的经济社会效益。

10.2.3 利用存在的问题

一是工业固体废物应用量较少。工程设计过程中对工业固体废物应用考虑较少,建设单位、施工单位应用积极性、主动性不足。二是政策体系不够完善。政策引导和鼓励不足,缺乏资金保障,已出台的减免税政策代码目录未涵盖交通建设领域的相关产品。三是管理机制不够健全。工业固体废物利用涉及多个部门,部门间联动不紧密,成果转化不充分,缺乏信息共享。四是创新体系不够完整。工业固体废物利用产学研用结合不够紧密,应用配套技术标准不健全。

10.3　工业固体废物在交通建设领域利用的策略建议

（1）明确技术应用路径。推动尾矿、粉煤灰、冶炼渣、煤矸石、炉渣等作为公路路基材料；尾矿、冶炼渣、煤矸石等替代天然集料在公路基层、面层、混凝土中应用；粉煤灰替代水泥在公路基层、混凝土中应用。根据工业固体废物分布、产量、存量及交通运输发展需求，确定可在交通建设领域利用的大宗工业固体废物种类、数量，编制交通建设项目利用工业固体废物计划。

（2）强化设计引领。依据交通建设项目利用工业固体废物计划，按照"能用尽用"的原则，在工程可行性研究阶段，初步明确工业固体废物利用的种类和数量，充分考虑工业固体废物利用及环保费用，做好费用估算。建设项目初步设计阶段，做好现场实地踏勘，进一步细化可利用的工业固体废物来源、种类及数量。建设项目施工图设计阶段，确定工业固体废物利用的技术路径和工艺方案，实现"绿色、低碳、经济、环保"综合效益最大化。

（3）压实各方主体责任。省级交通运输主管部门统筹推进交通建设领域大宗工业固体废物利用工作，组织制定计划、分解任务，对相关单位工作完成情况进行考核。各地市交通运输主管部门统筹协调行政区域内交通建设领域大宗工业固体废物利用工作，根据交通建设项目利用工业固体废物计划及目标，制定本地区利用计划；加强与发展改革、工业和信息化、生态环境、自然资源等部门的沟通协调，形成工作合力。建设单位严格按照利用计划及各级交通运输主管部门工作要求，组织项目建设工作，牵头与工业固体废物生产企业沟通，为工业固体废物在项目中的利用创造良好条件；加大研发投入，开展大宗工业固体废物利用技术路径创新。设计单位做好设计交底工作，根据工业固体废物实际应用情况开展动态设计；监理单位、施工单位应严格按照施工图设计文件制定合理可行的专项施工方案，严格按照施工工艺、施工工序进行施工，确保工程质量，不断总结工程经验，提高自主创新能力。

（4）加强科技支撑。开展工业固体废物填充路基关键技术及在基层、面层、混凝土中高值化利用等研究，编制项目申报指南，每年立项科研课题2个以上，加大科技成果推广应用力度；鼓励和支持建设项目、企业依靠自身技术实力，与区内外科研院所、高校进行深度合作，积极研究开发新技术、新工艺，不断提高自主创新能力。构建标准体系。构建省级层面的"公路交通基础设施大宗工业固体废物资源化利用标准体系"，强化绿色标准推广应用，支撑大宗工业固体废物在交通建设领域利用高质量发展。编制工业固体废物利用定额。适应大宗工业固体废物在交通建设领域利用发展趋势,满足工程建设各方计价需要,建立公路工程大宗工业固体废物资源化利用定额,加强定额动态管理。

(5)搭建信息化平台。搭建工业固体废物在交通建设领域利用信息化平台,加强与生态环境部门、工业和信息化部门数据的共享共用,及时发布大宗工业固体废物分布、存量、产量、技术规格、价格等信息;各级交通运输主管部门、工程参建单位等发布工业固体废物利用需求信息;科研院所、高校等单位发布大宗工业固体废物利用相关技术。

(6)建立综合利用基地。坚持政府推动、企业主导、多元利用、集约发展,结合交通建设项目规划,探索布局工业固废利用基地,充分发挥基地在尾矿、粉煤灰、冶炼渣、煤矸石等工业固体废物的储存及加工利用方面作用,实现原料生产规范化、施工应用标准化、质量控制一体化,推动工业固体废物在交通建设领域的规模化利用。

(7)发挥重点项目示范作用。着力谋划推动一批科技含量高、质量效益好、示范效应强的大宗工业固体废物资源化利用重点项目,总结重点项目利用工业固体废物经验并予以推广,形成一批可复制、可推广的实施范例。充分发挥重点项目的示范引领作用,通过组织召开现场观摩、宣传交流、技术培训等方式,进一步提高各建设项目的工业固体废物利用意识及技术水平,促进交通建设项目利用工业固体废物数量及质量双提升。

(8)强化动态监测和督导。建立交通建设项目大宗工业固体废物利用信息报送机制,建设单位按季度向交通运输主管部门报送工业固体废物利用种类、数量、工程部位、效果、下一季度利用计划等信息。

(9)加强质量管理。加大对大宗工业固体废物使用过程质量监管力度,充分发挥"企业自检、社会监理、法人管理、政府监督"四级质量监督体系作用,施工单位制定合适可行的施工组织设计并加强施工自检,对工程施工质量全面负责;监理单位严格按照施工图设计要求进行检查,加大抽检频率,发挥对工程质量的社会监督效能;建设单位要切实担负起工程质量首要责任,履行工程管理责任,落实各方的质量管理责任;质量监督单位要严把质量关,对工业固体废物利用予以重点监督,守住工程建设质量底线。建立大宗工业固体废物利用项目后评价机制,对工程项目利用效果进行技术评价,根据评价结果对项目予以通报表扬或批评,对优秀的成果进行推广应用。探索建立创建示范工作激励机制,采取灵活多样的举措,将"现场"与"市场"挂钩,激发参建单位和人员的内生动力。

第11章 交通运输行业绿色低碳发展政策路径研究

11.1 典型省（区、市）交通运输行业绿色低碳发展政策体系构建

11.1.1 政策体系框架

1）政策框架

内蒙古自治区交通运输行业绿色低碳发展实施方案提出推进交通用能低碳多元发展，持续提升运输工具能源利用效率，促进大宗货物中长距离运输"公转铁"，推广高效运输组织模式，积极引导绿色低碳出行，强化交通网络设施对低碳发展有效支撑，加快构建充换电、加气、加氢基础设施体系，加快发展智能交通，开展低碳交通科技攻关，建立健全统计监测体系，完善财税和金融政策和优化完善政策标准十二项主要工作措施，基于对自治区交通运输领域碳减排政策现状的梳理，重点围绕发展低碳交通装备、优化调整运输结构、推广高效运输组织、引导绿色出行、建设低碳基础设施和发展智能交通六个方面，分管理、技术和经济政策三个类别，初步构建的自治区交通运输行业碳减排政策体系框架（表11-1），同时对各类政策的时序建议予以明确。

2）共性政策

一是交通运输碳排放统计核算制度。完善内蒙古自治区交通运输领域能耗统计和能源计量体系（涵盖运输装备和基础设施），建立交通运输能耗及碳排放数据共享机制。构建交通运输行业能耗和碳排放监测、报告和核查体系。实施自治区交通运输领域碳排放清单定期报告制度。参考公路水路交通运输企业一套表统计调查制度，建立自治区交通运输能耗和碳排放统计核算制度，要求车辆保有量20辆及以上和规模以上的道路运输企业，所有铁路运输企业和民航运输企业按年度上报能源消耗和活动水平数据，主要

包括运输装备保有量、年均行驶里程、旅客及货物周转量、分燃料类型的燃料消耗量等数据;要求交通基础设施建设运营企业按年度统计上报交通基础设施建设期和运营期的能源消耗数据。建立内蒙古自治区能源与碳计量数据库,鼓励企业主动披露碳排放情况,研究制定相关指标特性、环境要求、管理、检测、服务等标准,建立健全交通运输能源与碳排放统计监测系统。

二是交通运输碳排放评估考核制度。研究建立自治区—盟市—交通运输企业三级能耗碳排放目标考核责任制度。明确盟市交通主管部门职责,强化统计监测和监督考核,建立年度重点工作进展报告制度、中期跟踪评估机制,定期组织开展第三方评估。鼓励交通运输重点用能企业建立能耗碳排放目标考核制度。建立节能减排评估结果公示制度,探索将评估结果纳入各级交通运输主管部门的年度工作考核体系,与建设项目规划审批及补助资金安排、技术改造支持、人员职务晋升、出国培训交流等挂钩,切实提升低碳交通工作的重要性和优先级。

三是符合条件的企业税收优惠政策。基于绿色物流(货运)企业评价的相关标准(行业标准或国家标准),根据需要研究制定自治区地方标准,开展绿色物流(货运)企业评定工作,确定绿色物流(货运)企业名单。结合自治区运输结构调整工作开展情况,确定需要建设铁路专用线、采用"公转铁"运输方式进行大宗货物运输的工矿企业名单。结合自治区网络货运平台企业发展现状和未来发展导向,确定具有一定规模的网络货运平台企业名单。基于上述企业缴税现状,选取适宜税种,设置合理的减免税率,研究制定绿色物流(货运)企业的减免税政策。

四是市场资金利用的激励政策。鼓励金融机构优化授信准入、抵押担保等条件,降低融资门槛,加大新能源装备产业政策性信贷支持力度,以政策促发展,倒逼高耗能交通运输装备加快转型升级。研究制定鼓励绿色低碳交通企业、绿色低碳交通项目争取绿色信贷、绿色基金、绿色债券、绿色保险等市场资金的指导意见;落实自治区财政厅关于以兴业银行呼和浩特分行为自治区绿色金融领域牵头银行先行先试政策,进一步落实自治区政府与兴业银行"构建绿色金融体系"战略合作协议,探索"融智""融资""差异化"金融服务,推动全区首单"绿创贷""绿票通"等绿色金融产品落地。

根据《绿色产业指导目录(2019版)》中绿色交通板块内容,结合各类试点示范项目和减免税企业名单,遴选确定一批符合条件的企业和项目;研究分析自治区金融机构目前在提供融资服务时存在的问题,针对具体问题完善相关政策;研究制定低息贷款、贷款贴息政策,同时在优化审批流程、提高贷款授信、提供专项创新金融产品等方面给予相应的政策支持。支持符合条件的绿色交通企业上市融资。

表 11-1 政策体系框架

项目	低碳交通装备	运输结构优化	高效运输组织	引导绿色出行	低碳基础设施	发展智能交通
共性政策	1. 碳排放统计核算制度（近期）； 2. 碳排放考核评估制度（近期）； 3. 企业税收优惠（近期, 远期）； 4. 市场资金利用激励政策（近期, 远期）					
管理	1. 新能源汽车推广应用规划和实施方案（近期）； 2. 制定老旧车辆淘汰计划（近期）； 3. 开展低碳交通装备试点示范（近期）； 4. 制定区域差异化政策（近期）； 5. 建全新能源车安全监管政策（近期）	1. "十四五"实施方案（近期）； 2. 绿色运输能力保障制度（近期）； 3. 探索货运统计制度创新（近期）； 4. 完善公路货运超限超载治理政策（近期, 远期）	1. 丰富完善自治区多式联运促进政策（近期）； 2. 完善综合运输枢纽建设相关政策（近期）； 3. 完善自治区城乡配送体系建设规划（近期）； 4. 丰富新能源城市物流车推广激励政策（近期）	1. 研究编制自治区公共交通系统规划和绿色出行规划（近期）； 2. 开展国家公交都市和绿色出行城市创建工作（近期）	1. 基础设施绿色低碳管理制度（近期）； 2. 完善新能源和清洁能源配套基础设施支持政策（近期）； 3. 开展交能融合试点（近期, 远期）	1. 网络货运平台企业管理细则（近期）； 2. 城市交通拥堵治理（近期）
技术	1. 加强科技和财政投入实现新能源车关键技术攻关（近期, 远期）； 2. 相关技术研发入自治区重点科技研发计划（近期）； 3. 制定绿色低碳技术装备应用目录（近期）		1. 鼓励多式联运相关技术标准, 无人车、无人机配送、地下物流等新技术研发应用（近期）； 2. 积极研究建立自治区绿色快递物流配送等标准体系（近期）	鼓励"互联网+交通"的智能城市交通信息技术, 公交信号优先和智能化系统, 智能城市交通理念的绿色出行一体化服务平台和预约出行技术研发（近期, 远期）	1. 绿色低碳技术推荐目录（近期）； 2. 可再生能源利用相关技术标准（近期）	1. 鼓励企业开展促进货运行业碳减排相关技术研发（近期, 远期）； 2. 支持重点智能交通相关项目（近期）

续上表

项目	低碳交通装备	运输结构优化	高效运输组织	引导绿色出行	低碳基础设施	发展智能交通
经济	1. 新能源货车高速公路通行差异化收费（远期）； 2. 车辆淘汰更新和新能源车辆购置运营补贴政策（近期）； 3. 拓展已有资金促进低碳交通装备推广的作用（近期）	绿色低碳货物运输财政补贴政策（近期）	物流车淘汰更新和新能源物流车购置运营财政补贴（近期）	建立健全政府对公共交通发展、公共交通场站和充电设施建设投资的补贴机制和票价政策	1. 新能源和清洁能源基础设施建设运营财政补贴（近期）； 2. 完善大宗固体废物利用政策体系（近期）； 3. 制定和完善光伏等绿色产业和优先的电价优惠政策和优先交易政策（近期、远期）	

11.1.2 低碳交通装备

1) 管理政策

一是制定新能源装备推广应用规划和实施方案。结合内蒙古自治区的新能源产业和新能源装备产业布局和相关规划,深入调研,掌握新能源装备产能情况,合理制定自治区新能源装备推广应用规划,明确推广目标,并结合地域差异将推广目标分解到各盟市;同时也将推广目标分解到不同领域,包括公路领域新能源汽车推广、铁路电气化改造及交通枢纽场站内部车辆装备和场内作业机械等新能源替代等。规划出台后,要求各盟市和各领域出台具体细化的实施方案,保证规划的落地实施。

二是制定老旧车辆淘汰计划。研究制定国三及以下的营运重型牵引车、危险品运输车、其他国三及以下营运柴油货车及采用稀薄燃烧技术和"油改气"的老旧营运燃气车辆的淘汰计划,严格落实机动车排放检验制度,重点区域提前完成淘汰国四重型柴油货车。

三是开展低碳交通装备试点示范。尽快推动已有项目进程,做好示范试点项目,对新能源建设项目实行备案管理,加速新能源装备推广应用。根据《内蒙古自治区开发区优化调整实施方案》中对各地区产业功能定位,以呼和浩特、包头、鄂尔多斯地区为重点,培育发展北奔、北重等新能源重型货车企业,打造动力蓄电池、驱动电机、电控系统、动力总成、配套零部件及整车研发生产的新能源汽车全产业链,加大对包头市申报重型货车特色换电试点城市的政策扶持力度,支持乌海市列入国家氢燃料电池汽车"十城千辆示范推广应用工程",持续推进"风光氢储车"上汽红岩鄂尔多斯项目达产,提高新能源重型货车整车组装制造产能和燃料电池及氢系统产能。研究制定自治区开展低碳交通装备试点示范的工作方案,建议开展公路运输企业推广低碳运输装备的试点示范、铁路货场和物流园区推广内部车辆和装备新能源和清洁能源替代的试点示范以及自治区内重要货运通道的新能源车辆推广的试点示范,包括纯电动重型货车、氢燃料电池重型货车和电气化公路等模式。探索开展低排放区(近零排放区)试点示范等。

四是制定区域差异化政策。因地制宜加强政策引导,坚持"一地一策",自治区西部地区以已有的新能源产业优势为基础,积极争取国家资金政策、技术政策支持,持续推动新能源汽车示范城市建设。自治区东部地区加强体制机制间的统筹协调,突破部门壁垒,成立地方工作小组,加强统筹和协调、信息沟通和共享、工作推进和评估、日常监督和考核,调动各部门主动性积极性,落实国家、自治区新能源发展政策,提高产业间协调能力,推动东部地区新能源统筹发展。

五是建立健全新能源汽车安全监管政策。建立健全新能源车常态化安全监管机制,完善新能源车安全监管政策体系,制定对蓄电池、燃料电池等关键零部件的检测标准,指导新能源汽车回收拆解企业做好蓄电池、燃料电池回收利用工作。

2)技术政策

加强科技和财政投入实现新能源汽车关键技术攻关,解决寒冷地区新能源汽车续驶里程、蓄电池管理等问题;加强装备技术创新和应用。将涉及新能源装备制造、蓄电池和配套基础设施,装备能效提升,绿电绿氢研发应用,运输装备能耗碳排放统计核算平台相关技术研发纳入自治区重点科技研发计划,给予科研经费倾斜。出台鼓励自治区新能源装备产业链相关企业开展自主科技研发的激励政策。借鉴工业领域已制定的重点绿色低碳技术推广目录,加快制定交通运输领域《产业结构调整指导目录》《绿色技术推广目录》等明确的先进成熟绿色低碳技术装备推广应用目录,加快推动新能源汽车相关技术的发展。

3)经济政策

一是新能源货车高速公路通行差异化收费政策。在《全面推广高速公路差异化收费实施方案》(交公路函〔2021〕228号)指导下,在自治区高速公路网选取路段开展新能源货车通行差异化收费试点,评估试点政策效果;充分考虑未来新能源货车发展趋势,结合试点评估结果,研究制定自治区新能源货车高速公路通行差异化收费政策。

二是车辆淘汰更新和新能源车辆购置运营补贴政策。研究制定车辆淘汰更新和新能源车辆购置补贴政策,根据燃料类型和车型设置不同的不同标准;研究制定新能源车辆运营补贴政策,尤其针对货运车辆等营运车辆,根据年行驶里程情况设置补贴标准;建议结合自治区老旧车辆淘汰计划、新能源装备推广应用规划和实施方案制定配套购置、运营补贴政策。

三是拓展已有资金促进低碳交通装备推广的作用。对符合政策导向并重点扶持的能源高端装备制造企业予以支持,大力支持符合《内蒙古自治区开发区审核公告目录》中的工业园区和产业园通过自治区工业园区发展专项资金加快发展低碳交通装备。

11.1.3 运输结构优化

1)管理政策

一是优化"十四五"运输结构优化调整工作方案。总结自治区2018—2020年运输结构调整工作成效,梳理存在的问题和困难,根据国务院办公厅印发的《推进多式联运发展优化调整运输结构工作方案(2021—2025年)》《内蒙古自治区运输结构优化调整工作方案(2021—2025年)》的相关要求,明确自治区2021—2025年运输结构优化调整工作的总体要求和重点工作任务,为自治区"十四五"期运输结构优化调整工作指明方向。工作方案中重点明确提高铁路技术标准,优化运输环节提升铁路运输时效性和丰富铁路运输产品等;细化完善重点矿区、工业企业和物流园区铁路"公转铁"实施方案。

二是制定绿色运输能力保障制度。将铁路、封闭管廊等绿色运输基础设施作为煤炭、化工、装备制造等重点行业新建、改建和迁建项目的前提条件。从"十四五"期开始,针对以大宗货物运输需求为主的生产企业、物流园区,将铁路或管廊运输相关基础设施作为项目建设的前提条件。在环境影响评价阶段,要求绿色运输基础设施与生产企业、物流园区等同步规划、同步设计、同步施工、同步运营。

三是探索货运统计制度创新。打破以运输方式为指向的统计体系,转向以货种货类为指向开展统计工作,明确自治区、盟市、行业管理部门和经营者的统计工作责任。完善道路货运统计指标体系,补充分货类/分货值流量流向等空间性指标。结合全面调查、抽样调查、专项调查等统计方法,综合利用自治区物流信息平台或道路货运平台等先进的大数据信息技术完善多样化统计手段,在物流信息公共服务平台补充电子运单信息采集和统计功能,在车辆端依托北斗导航系统、RFID(Radio Frequency Identification,射频识别)、ETC等信息技术补充电子运单、货物载重动态监测等功能。选取有条件的城市试点开展货类货流统计工作。

四是完善公路货运超限超载治理政策。建立健全公路货物运输法律法规,进一步完善高速公路视频联网监测工程、治理超限超载联网管理信息系统,落实"一站一策"治理公路收费站拥堵,规范公路货物运输。研究制定低等级公路和普通公路货物运输超限超载治理政策。

2)经济政策

对自治区内采用铁路集疏运的煤炭、矿石等大宗货物,建议采用"财政适度补贴+铁路适度降价+货主适度承担"方式,缩小铁路运价与公路运价之间的差异;针对自治区大宗货物运输结构调整的实际情况,研究制定财政适度补贴政策和铁路适度降价政策。此外,建议由财政列支运输结构调整资金,对强制"公转铁"的煤炭、矿石、焦炭等大宗货物给予适度补贴,重点对中短距离运输货物给予补贴,研究制定具体实施细则。

11.1.4 高效运输组织

1)管理政策

一是丰富完善自治区多式联运促进政策。结合自治区未来货物运输和多式联运相关规划,研究制定自治区多式联运型物流枢纽布局规划,或在相关规划中明确多式联运型物流枢纽建设任务和具体目标要求;加快铁路物流基地、铁路集装箱办理站、航空转运中心、快递物流园区等多式联运枢纽规划建设和升级改造,加快推进蒙西煤炭外运公铁联运项目、通辽多式联运海关监管中心等物流园区建设。研究分析自治区多式联运在海关通关方面存在的障碍和政策瓶颈,联合海关部门研究优化多式联运货物通关手续和环节,研究制定促进多式联运发展的通关政策;加强海关、铁路部门信息共享合作政策制度建设,加快提高口岸物流枢纽节点的多式联运进程。

二是完善综合客运枢纽建设相关政策。在相关规划中优化完善自治区综合客运枢纽建设布局规划,研究制定公路铁路民航以及与市内交通一体化衔接的综合客运枢纽建设方案。结合《关于加快推进旅客联程运输发展的指导意见》相关要求,基于自治区旅客运输发展需求,研究制定自治区旅客联程运输相关政策。研究制定自治区开展综合客运枢纽零换乘示范的工作方案,在呼包鄂乌城市群、赤峰、通辽等地开展新建综合客运枢纽和已建客运枢纽的零换乘示范,明确示范任务、目标,制定配套政策,总结评估示范效果和做法经验。

三是完善自治区城乡配送体系建设规划。结合内蒙古自治区贯彻《交通强国建设纲要》实施方案提出的构建"1+1+11+2"邮政快递枢纽交换网目标,依据自治区的行政区划特点规划建设自治区分级配送网络;各盟市加快完善本地城乡物流网络,集合"城乡交通运输一体化"示范项目、"四好农村路"示范地区制定本地区旗县、苏木、嘎查绿色物流发展规划。

四是丰富新能源城市物流车推广激励政策。根据公安部发布的《关于进一步规范和优化城市配送车辆通行管理的通知》(公交管〔2018〕552号),在自治区层面研究制定新能源物流车路权优先政策(包含通行、停车、装卸货政策等)。各盟市结合本市推广新能源物流车的情况,细化新能源物流车路权优先政策,明确通行、停车和装卸货的时空范围,并体现新能源物流车和燃油物流车路权政策的差异化;落实自治区优化城市配送车辆通行便利政策,对取得城市配送车辆通行证的新能源车辆取消通行限制;探索城市配送车辆通行证发放与绩效挂钩,实施分类管理。结合城建等部门划定物流专用停车位,解决物流车辆城中停车难、装卸难的问题,在城市公共停车场、货物装卸点等停车场地免收停车费。

2)技术政策

将涉及多式联运技术装备标准化、多式联运一单制、多式联运信息系统标准、无人车、无人机配送、地下物流相关技术研发纳入自治区重点科技研发计划,给予科研经费倾斜。出台鼓励自治区多式联运产业链上下游相关企业开展自主科技研发的激励政策。研究建立自治区绿色快递物流和配送等标准体系,制定重点领域地方标准和团体标准;在陆路交通物流设施平台建设、组织模式建立、先进技术与装备应用等方面取得的典型经验,并形成意见指南、技术标准等政策成果。

3)经济政策

研究制定城市物流车辆淘汰更新和新能源车辆购置补贴政策,根据燃料类型(纯电动和氢燃料电池)和车型(常规和冷链)设置不同补贴标准;研究制定新能源城市物流车辆运营补贴政策,根据年行驶里程情况设置补贴标准;建议结合自治区新能源车推广应用规划和实施方案制定配套的购置运营补贴政策。

11.1.5　引导绿色出行

1)管理政策

研究编制自治区公共交通系统规划和绿色出行规划,明确规划目标和主要任务,完善建设用地保障、公交专用道及公交优先通行等配套政策;各盟市结合本地公共交通发展和绿色出行工作推动情况,在自治区规划的基础上,细化公共交通系统和绿色出行体系构建实施方案,提出3~5年内公共交通系统和绿色出行目标指标体系,确定公交、轨道交通、慢行系统建设的具体任务,形成自治区—盟市两级公共交通系统和绿色出行规划体系,研究配套规划落地的相关支持政策。在自治区内部开展国家公交都市和绿色出行城市创建工作,将公交都市战略和绿色出行理念落到实处;巩固呼和浩特市"公交都市"建设成果,继续开展国家"公交都市"申报创建工作,推进乌海市建成国家"公交都市"示范城市。研究制定共享单车和共享电单车、电动自行车、定制公交等新型交通方式的精细化管理政策与标准。

2)技术政策

将涉及"互联网+交通"的智能城市交通信息技术、公交信号优先和智能化系统、

"MaaS"理念的绿色出行一体化服务平台和预约出行相关技术研发纳入自治区重点科技研发计划,给予科研经费倾斜。

3)经济政策

加快建立健全政府对公共交通发展的补贴机制和票价政策,辅之考核制度。自治区研究出台公共交通(含轨道交通)票制票价动态调整相关政策,对实行低票价、减免票、承担政府指令性任务等形成的政策性亏损要给予补贴和补偿,并纳入自治区财政预算;各盟市结合实际需要,细化出台公共交通(含轨道交通)票制票价动态调整政策措施,明确基本票制票价和动态调整原则、方法,对实行低票价、减免票、承担政府指令性任务等形成的政策性亏损给予的补贴补偿,纳入盟市级财政预算,合理确定城市公共交通运营补贴范围。鼓励各盟市出台本地化管理与补贴政策,鼓励社会资本参与,鼓励复合开发用于补贴公共交通的资金缺口。研究出台自治区城市公共交通场站和充电设施建设投资补助政策。

11.1.6 低碳基础设施

1)管理政策

一是制定绿色低碳基础设施管理政策。研究制定绿色低碳交通基础设施管理制度。明确公路、铁路、民航基础设施建管养运全过程绿色低碳管理要求和标准,研究制定相关评价指标体系,定期对交通基础设施建管养运全过程绿色低碳水平开展评价评估,促进绿色低碳理念全面贯彻落实。研究制定自治区大宗固体废物在交通运输领域应用的实施方案,制定自治区交通运输领域大宗工业固体废物资源化利用定额政策,加强定额动态管理,加快大宗固体废物在交通运输领域的成化转化和推广。

二是完善新能源和清洁能源配套基础设施支持政策。研究制定自治区新能源和清洁能源配套基础设施布局规划,并结合新能源运输装备推广应用规划适时调整优化,加快推进包头市、乌兰察布市、鄂尔多斯市、乌海市等氢能富产区加快加氢站建设,尽快制定出台干线路网充换电基础设施布局和配置方法及布局方案。明确充(换)电站、加氢站和天然气加注设施管理部门,进一步优化理顺建设审批流程,提升基础设施使用率和支撑力。利用车联网平台数据、电网数据,按照"换电站为主、充电桩为辅"原则,规划建设城市充电设施,布局骨干公路沿线数字化充电、加氢设施,保障新能源汽车出行,加快城市推进充电桩、换电站等基础设施建设,鼓励在现有各类建筑物停车场、公交站、社会公共停车场和加油站等场所配套建设换电站、充电桩。

三是开展交通能源融合试点。研究制定自治区开展交通能源融合试点的工作方案，建议开展公路铁路与可再生能源融合试点、公路铁路枢纽场站与可再生能源融合试点、综合交通枢纽场站"分布式光伏＋储能＋微电网"的交通能源系统试点；同步研究制定支撑试点工作开展的财政补贴等配套政策。

2）技术政策

一是制定绿色低碳基础设施技术推荐目录。结合《交通行业重点节能低碳技术推广目录》《绿色公路建设技术指南》，梳理总结全国范围内可供自治区交通基础设施全过程借鉴的低碳交通技术，开展各项技术试点应用并定期组织开展技术应用效果评价，形成符合自治区交通基础设施建管养运特点的绿色低碳基础设施技术推荐目录，定期更新完善。构建大宗固体废物应用交通建设领域的技术标准体系，实现生产规范化、应用标准化、质量控制一体化，为大宗固体废物的规模化利用提供设计依据及技术支撑；建立大宗固体废物利用信息统计平台，构建固体废物产生、综合利用及堆存状况等数据信息收集渠道和公共信息统计平台。

二是制定可再生能源利用相关技术标准。将涉及光伏设备公路沿线铺装利用、枢纽场站光伏设施设备铺设、交通基础设施风能利用等相关技术研发纳入自治区重点科技研发计划，给予科研经费倾斜。出台鼓励交通基础设施建设运营企业和可再生能源设备提供商联合开展自主科技研发的激励政策。研究制定交通基础设施可再生能源利用相关技术标准。制定和完善标准规范体系，支持充换电、加气、加氢行业技术、装备、能效标准体系建设，鼓励企业积极参与国际、国家、地方和行业标准的制修订。

3）经济政策

研究制定新能源和清洁能源基础设施建设运营财政补贴政策，根据燃料类型和运营模式（充电站、换电站）设置不同的补贴标准；根据充电站、换电站、加氢站等燃料供应情况给予运营补贴，并结合燃料类型和运营模式设置不同的补贴标准；研究制定充换电站的电费优惠政策，落实集中式充换电设施免收需量（容量）电费政策，严格执行差别电价、惩罚性电价、阶梯电价政策。加强政策引导，培育大宗固体废物资源化利用行业骨干企业，完善大宗固体废物利用政策体系，多渠道加大资金支持，给予金融政策支持，鼓励绿色信贷，有效引导社会资本投资工业固体废物综合利用产业。制定和完善光伏等绿色产业的电价优惠政策和优先交易政策，对符合节能降碳的企业可执行优先交易政策。

11.1.7 发展智能交通

1)管理政策

研究制定网络货运平台企业管理细则。根据交通运输部、国家税务总局制定的《网络平台道路货物运输经营管理暂行办法》相关要求,结合自治区网络货运平台发展现状和未来发展需求,研究制定自治区网络平台道路货物运输经营管理细则,强化网络货运平台企业的规范管理。研究治理城市交通拥堵策略。自治区研究制定加强城市交通拥堵治理的指导意见,各盟市结合实际情况,研究制定交通需求管理政策,包括但不限于出行诱导、停车差异化收费、潮汐车道、智能信号控制等各方面。

2)技术政策

研究制定鼓励网络货运平台企业开展自主研发,尤其是提升自治区货运行业组织效率、促进货运行业碳减排相关信息技术,推进自治区交通运输领域碳减排的大数据技术及相关信息平台的研发激励政策,将相关技术纳入自治区重点研发计划,并给予科研经费倾斜。加快交通运输领域科技创新进程和政策支持力度,建成交通运输科技示范项目。

11.2 典型省(区、市)交通运输行业绿色低碳发展体制机制研究

11.2.1 典型省(区、市)交通绿色低碳发展现状及特点

(1)煤炭的跨区运输是内蒙古交通碳排放的主要驱动因素。内蒙古自治区是典型的煤炭大省,煤炭资源丰富,目前已探明煤炭储量超过 500 亿 t,保有煤炭资源储量超过 8000 亿 t,是全国数一数二的煤炭大省。同时,我国煤炭的产地和需求地的空间分布很不均衡,煤炭资源最集中的地方是在内蒙古、山西等北方地区,而沿海地区的广东等对煤炭需求量较大的省(区、市)的煤炭产量则较少,这导致了我国的煤炭运输方向是由煤炭能源丰富的西北地区向煤炭需求量较高的南方地区运输。煤炭资源的跨区运输是内蒙古交通运输领域碳排放的主要驱动因素。

(2)运输结构调整对内蒙古交通运输领域碳减排具有重大意义。由于不同运输方

式的单位周转量能耗存在差异,运输结构是内蒙古交通运输业二氧化碳排放变动的主要影响因素之一。2007—2011年和2013—2016年内蒙古铁路运输周转量占比下降迅速,而单位运输周转量能耗较高的公路运输周转量占比稳步上升,极大地刺激了交通碳排放的增长。2012—2013年铁路运输周转量占比增加,而公路运输周转量占比减少,在一定程度上抑制了交通碳排放的增长。内蒙古交通碳排放对运输结构的变化比较敏感,通过合理配置公路运输、铁路运输的交通资源,优化运输结构,可以有效降低内蒙古自治区的交通碳排放。

(3)重型货车的新能源化是促进内蒙古自治区交通绿色低碳发展的关键。内蒙古自治区水运欠发达,目前的船舶全部为客运船舶,故重型货车的排放量占比只会比全国更高。因此,重型货车的新能源化是内蒙古自治区交通运输领域绿色低碳发展的重中之重。然而受技术发展等因素的制约,重型货车的新能源化仍然任重道远。

11.2.2　典型省(区、市)交通绿色低碳发展体制机制制约因素

(1)铁路领域绿色低碳发展的制约因素。国家层面上运输结构调整工作由国家发展改革委、交通运输部、中国国家铁路集团有限公司三家按各自职责分工负责。从内蒙古自治区部门职责来看,自治区发展改革委下设铁路民航建设管理处,主要负责研究提出全区铁路、民航发展战略、规划和政策措施;统筹铁路、民航发展规划与自治区国民经济和社会发展规划、计划的衔接平衡;综合分析全区铁路、民航发展情况,协调有关重大问题,提出有关政策建议;按权限审核管理铁路民航建设项目。自治区交通运输厅主要负责自治区公路水路相关规划、建设、管理、维护、安全生产等工作。总体上看,自治区发展改革委在铁路规划、建设和协调方面有一定抓手,自治区交通运输厅在推动运输结构调整方面缺乏具体抓手。市级交通运输主管部门也存在同样问题,例如"十三五"期,自治区东部地区运输结构调整工作在市级层面主要由地市人民政府联合沈阳铁路局共同推进;又如赤峰市人民政府下设铁路办公室、赤峰市和通辽市发展改革委下设铁航科,由其与沈阳铁路局开展具体工作对接,市交通局只承担部分联络沟通职责。

(2)新能源汽车推广的制约因素。运输装备的新能源和清洁能源替代是交通运输领域碳减排的重要手段。尽管近年来新能源小型乘用车和轻型物流车技术逐步成熟,但重型货车短期内还缺乏成熟的新能源替代方案,其在续驶里程、有效载重方面仍存在技术瓶颈,氢燃料电池技术在技术装备研发、安全风险防控、标准规范研究等方面尚处于起步阶段。新能源重型货车的规模应用存在较大不确定性,有赖于科技、工业和信息化等

部门的协同发力。在新能源重型货车规模化推广应用存在不确定性的情况下,社会车辆的碳减排尤为重要。社会车辆的碳排放主要取决于保有量、车辆能效、新能源替代等因素,交通运输部门针对这些因素可采取的运输管理手段十分有限,需要生态环境、工业和信息化、公安、交通运输等多个部门协同发力,在数据共享、装备研发、标准规范制定等方面加强对接,共同推进社会车辆的碳减排工作。因此,交通领域用能结构的深度调整,离不开全社会、各行业、各部门的共同努力,以实现装备技术成熟、产能初具规模、能源供给稳定、消费意愿强烈以及基础设施配套完善的新能源车产业生态。

(3)物流领域碳减排的制约因素。物流领域涉及部门多、职责分散,一直以来处于"九龙治水"状态。国家层面,多年来物流领域相关规划一直由国务院或多部门联合印发。如国务院于 2014 年 9 月 12 日印发了《物流业发展中长期规划(2014—2020 年)》(国发〔2014〕42 号),商务部、国家发展改革委、自然资源部、交通运输部、国家邮政局五部门于 2017 年 1 月 19 日联合印发了《商贸物流发展"十三五"规划》,国家发展改革委会同有关部门编制了《"十四五"现代流通体系建设规划》并经国务院批复(国函〔2021〕138 号)于 2022 年 1 月 13 日印发。自治区层面,多年来物流领域相关规划一直由自治区人民政府或交通、发展改革委印发,如自治区人民政府于 2007 年印发了《内蒙古自治区 2007—2010 年现代物流业发展规划》(内政发〔2007〕124 号),自治区人民政府办公厅于 2011 年印发了《内蒙古自治区"十二五"物流业发展规划》(内政办发〔2011〕104 号),自治区交通运输厅于 2016 年 8 月 9 日印发了《内蒙古自治区"十三五"交通运输物流发展规划》,自治区发展改革委于 2022 年 1 月 28 日印发了《内蒙古自治区"十四五"现代物流发展规划》。从部门职责看,自治区交通厅管理部分基建投资事务,发展改革委管理园区审批事项,商务厅管理商品流通审核,邮政部门管理邮政快递公司的快递业务,园区管委会管理园区具体运营监管,如何"攥成拳头"形成合力还需要更强大的协调能力。

11.2.3　典型省(区、市)交通绿色低碳发展体制机制建议

(1)加强信息共享,建立信息平台。建议内蒙古自治区在梳理现有统计体系的基础上,充分利用现有基础数据库资源(TOCC),通过建立涵盖发展改革、工业和信息化、公安、生态环境、交通运输、统计等多部门基础数据的共享机制,构建内蒙古自治区交通运输能耗及碳排放数据资源库,将交通运输能耗及碳排放相关数据统一接入现有平台,实现运输装备、运输活动、能耗、碳排放等重要基础数据的动态更新,提高不同部门不同层级之间的沟通互联效率。采用监测+统计相结合的方式设计全区交通运输行业能耗统

计监测体系顶层架构,完善能耗统计和能源计量方法,系统构建交通运输领域碳排放统计监测体系。广泛应用大数据分析,建立实施交通碳排放精准统计测算和碳减排精准管理,通过数字化和信息化技术,利用新媒体手段,推动交通运输领域形成结构合理、覆盖全面、动态更新、实用有效的信息共享平台。

(2)狠抓责任落实开展动态评估。建议在交通绿色低碳发展方案中强化顶层设计,结合部门职责明确和细化各部门具体承担的工作内容和任务,建立健全部门协作机制,加强组织领导和工作协同,考虑土地、资金、人才、技术、信息等要素保障,分轻重缓急对重点领域的重点任务进行相应分解,切实落实各部门责任分工,推进政府部门、行业企业和社会公众凝聚共识,形成工作合力,推动各项工作政策到位、措施到位、成效到位。聚焦减排效果、工作任务、能力建设三大指标,建立工作评估制度,多维度多层次定期开展相关工作评估,实时了解工作推进的效果并据此布置下一阶段工作,评估结果向自治区政府报送,可作为荣誉激励、资金奖励、政策倾斜等评定的参考依据。在地方层面,抓好试点示范和推广应用,及时总结经验,形成具有自治区特色的工作成果,以点带面,深入推动交通运输领域碳减排工作。

11.3 交通运输行业绿色低碳发展重点政策建议

11.3.1 绿色低碳发展体制机制

建立健全多部门协作机制,切实落实各部门责任分工,加强沟通协调,形成工作合力。建立涵盖发展改革、工业和信息化、公安、生态环境、交通运输、统计等多部门基础数据共享机制,建立交通运输能耗及碳排放数据资源库,将相关数据统一接入数据平台。完善交通运输领域能耗统计和能源计量体系,构建综合交通运输能耗和碳排放监测、报告和核查制度。研究建立省—地市—交通运输企业三级能耗与二氧化碳排放控制目标责任评价考核制度、节能减排评估结果公示制度。

11.3.2 绿色低碳发展政策

建议针对私人小汽车、城市公交、出租汽车、城市物流车和中重型营运货车设置财政补贴,在核算年行驶里程的基础上分车型给予阶梯奖补,研究制定老旧柴油货车淘汰更新的补贴政策。鼓励金融机构优化授信准入、抵押担保等条件,降低融资门槛,加大新能源装备产业政策性信贷支持力度。

研究制定《运输结构调整"公转铁"运输专项资金管理办法》,确定补贴标准、补贴企业类型和补贴的重点货物类别,直接减少货物运输成本。对"铁路干线+新能源重型货车"的运输采用"财政适度补贴+铁路适度降价+货主适度承担"的补贴方式,缩小铁路与公路运价之间的差异。研究制定绿色物流(货运)企业的减免税政策,开展绿色物流(货运)企业评定,给予合理的税收优惠。

建立基础设施绿色低碳管理制度,健全新能源配套基础设施建设支持政策,研究发布绿色低碳基础设施技术推荐目录,完善可再生能源利用相关技术标准。继续使用地方政府债券、专项债券支持交通运输基础设施项目建设。积极争取中央和地方财政资金,发挥财政资金的引导与杠杆作用,拓宽资金渠道,探索以市场手段为核心的双碳发展基金等多元化投融资途径。通过双碳发展基金、碳金融、碳交易等,加大交通运输领域绿色低碳发展资金支持力度,并通过市场调节手段吸引社会资金进入碳减排市场。

11.3.3　开展基础设施交能融合试点

研究确定开展试点工作的交通运输领域,可包括公路沿线和枢纽场站、铁路枢纽场站、城市交通枢纽场站等;结合可再生能源资源禀赋情况,确定开展试点工作的地区和盟市,确定可再生能源种类;研究确定开展试点工作希望解决的问题或者达到的目标,如可能存在的政策瓶颈、探索可用的交能融合模式、交能融合相关技术标准等;确定试点工作开展组织流程和试点工作成效总结评估办法;最终确定交通基础设施交能融合试点工作方案并印发试点工作通知。

11.3.4　交通绿色低碳发展关键策略建议

(1)加快发展智能交通。推动网络货运绿色高效发展。规范网络货运平台持续健康发展,发展"互联网+"高效物流,推动企业间物流信息系统互联互通,降低车辆空驶率、空载率。加强城市缓堵治理。加强交通管理政策研究,明确不同交通出行方式的功能定位、载具装备模式、路权保障及管理体制机制。加快补齐城市停车设施供给短板,制定机动车停放服务差别化收费政策,提升城市交通环境及运行效率。优化完善城市交通信号控制系统和交通出行诱导系统,科学合理、智能灵活调整交通信号灯配时。

(2)开展低碳交通科技攻关。加强科技创新和产业培育。加强低碳高效交通装备的研发、生产与示范应用,促进低碳技术创新要素向交通产业和企业聚集,培育壮大新兴低碳交通产业。加快节能降碳关键技术研发推广应用。加大低碳节能交通材料、充换电和加氢基础设施布局、近零碳服务区建设、交通基础设施与新能源融合发展等关键技术的研发力度,遴选技术成熟度高、经济性良好、降碳效果显著的重点节能低碳技术,研究发布交通行业重点节能低碳技术推广目录,加强交通运输领域节能低碳技术创新成果转化应用。

(3)建立健全统计监测体系。完善交通运输领域能耗统计和能源计量体系。健全能源管理体系,强化重点用能单位节能管理和目标责任,完善交通运输领域能耗统计和能源计量体系,鼓励采用认证手段提升节能管理水平。健全交通运输领域碳排放统计监测系统。推进交通运输碳排放实测技术发展,加快遥感测量、大数据、云计算等新兴技术在碳排放实测技术领域的应用,参与研究交通运输领域碳排放统计方法和核算规则,加强碳排放基础统计核算,建立交通运输能耗及碳排放数据共享机制和碳排放监测平台,推动近零碳交通示范区建设。

(4)完善财税和金融政策。落实税收优惠政策。全面依法落实新能源汽车免征、减征车辆购置税、车船税等税收优惠政策,引导低碳交通基础设施、运输工具、交通新能源、清洁能源和新技术等加速推广应用。建立以财政资金为引导、社会资金为主体的低碳交通发展建设投入机制。加大对交通工具装备低碳转型、绿色高效交通运输体系、绿色交通基础设施建设的资金支持力度。积极争取绿色信贷、绿色基金、绿色债券、绿色保险等资金支持,鼓励金融机构为符合条件的交通运输低碳转型项目提供长期稳定融资支持,完善社会资本参与政策,支持符合条件的绿色交通企业上市融资、挂牌融资和再融资。

(5)优化完善政策标准。优化交通运输领域绿色低碳政策。积极引导交通运输企业成为能效"领跑者",研究对碳减排成效显著的企业给予政策倾斜。研究制定交通运输领域绿色低碳标准。加快推进交通运输领域绿色低碳地方标准制定、修订工作。重点研究交通基础设施碳排放核算、绿色交通场站设施等绿色低碳技术标准,执行交通运输装备绿色低碳标识和能效标识制度。

第4篇

展望篇

第 12 章　碳中和发展路径研究

12.1　碳中和的基本概念

碳中和概念问世于 1997 年伦敦 Future Forest 公司的商业策划,并于 2006 年被《新牛津美国字典》评为年度字汇。碳中和的概念最初主要局限在企业和消费者层面,指企业、团体或个人计算在一定时间内直接或间接产生的温室气体排放总量,通过植树造林、节能减排等方式,以抵消自身的碳足迹,实现二氧化碳"零排放"。随着全球气候治理机制运行,国际上制定了三个应对气候变化的重要法律文件,即《联合国气候变化框架公约》《京都议定书》《巴黎协定》,国家层面的减排态度趋向积极。

"碳"并不单指二氧化碳,而是多种温室气体(包括二氧化碳)的代称,需将除二氧化碳外的其他温室气体折算成全球变暖潜能值(GWP)。因此,本书认为,国家层面上的碳中和与气候中性都可以称为"零碳排放",是指释放的"碳"与吸收的"碳"可以相抵消,从而达到零碳的均衡状态。碳中和是指人为排放量(化石燃料利用和土地利用)被人为作用(木材蓄积量、土壤有机碳、工程封存等)和自然过程(海洋吸收、侵蚀-沉积过程的碳埋藏、碱性土壤的固碳等)所吸收,实现净零排放。

当前,世界各国碳排放处于不同阶段。我国处于产业结构调整升级以及经济增长进入新常态的阶段,排放量逐步进入"平台期",正在迈向碳达峰。从主要发达国家的碳排放与经济增长的历史关系看,一个国家的发展程度同人均累计碳排放密切相关,就我国而言,人均累计碳排放远低于主要发达国家水平,也低于全球平均水平。

12.2　碳中和实践的经验与路径

近年来,许多发达国家基于碳中和目标开展气候治理,部分国家取得显著成效。张莹等人选取具有代表性的英国、德国、芬兰、澳大利亚为研究样本,总结其碳中和交通实践路径,为我国碳减排提供经验借鉴。

（1）英国通过政策和制度化引领碳中和。

①制定和出台相关法律法规。英国是碳中和行动的先驱者，是全球首个专门立法设立碳减排目标的国家。英国通过碳中和的法律法规，制定和分解了国家碳中和目标，明确碳中和的监管体系。

②强化行政约束手段。英国是首个推出国际性碳中和制度和标准的国家，通过制度标准保障碳中和主体的权益。2008年，英国标准协会（British Standards Institution，BSI）提出全球首个产品碳足迹认证标准（PAS2050），为温室气体排放管理提供方法学基础。2009年，能源和气候变迁部实施《碳中和指南》，规定碳排放计算、削减和抵消三个阶段的规范。2010年，英国标准协会（BSI）在PAS2050基础上制定碳中和宣告标准（PAS2060）。该标准提出温室气体的量化、还原和补偿方式，明确规定经济主体如何宣告碳中和，以及如何证明其实现碳中和承诺，帮助甄别碳中和主体是否存在"漂绿"行为，是目前全球最权威的碳中和标准。可见，英国通过完善的碳中和标准和规范约束高碳行业，此举已走在全球前列。

（2）德国聚焦能源转型推动碳中和。德国是欧洲的电力生产及消费大国，早在1990年之前就实现了碳达峰，领先于其他国家，是能源转型方面的先行者。在多年发展中，德国出台了多项政策与法律法规，不断加大碳减排力度，积累了丰富的经验，对中国具有重要借鉴意义。德国应用新技术加快行业减排脱碳。交通运输方面，一方面鼓励消费端购买电动汽车，购买电动汽车最高可获得6000欧元的补贴，对2021年后购买燃油汽车按照公里碳排放征收车辆税；另一方面鼓励企业端研发替代燃料技术，为推动企业公交电动化投资10亿欧元；此外，政府为铁路试点电气化、智能化改造与升级投入860亿欧元。

（3）芬兰发展清洁技术助力碳中和。芬兰经济发达、能源密集型企业多，是欧盟人均二氧化碳排放量最高的国家。能源结构中煤炭、石油和天然气占比达到92%，主要用于热力和电力部门，与我国能源结构相似。为实现碳中和目标，芬兰采取了一系列重要举措。芬兰从能源供应和能源应用两方面实施减排路径。一是减少化石能源使用，具体实施措施包括：关闭国家所有化石燃料工厂，包括关闭煤炭热电联产和煤炭锅炉；使用生物质能锅炉，增加热泵使用；对使用石油锅炉的碳排放峰值进行重新确定。二是开发并出口清洁能源。芬兰优先利用林业生物质能源作为过渡，对林业生物质能源和其他清洁能源（核能和风能）制定激励措施。具体实施措施包括：因化石能源主要用于建筑、交通行业和工业，对此芬兰强调在交通系统和建筑住宅中使用清洁燃料，增加太阳能设备、引进地热和空气源热泵等，促进建筑和交通中的清洁能源利用。

(4)澳大利亚多主体嵌入参与机制促进碳中和。2021年澳大利亚发布"零排放净额战略"(ZNE Strategy),提出"30%减排+70%碳补偿"战略,战略的核心是依赖生产者和消费者推动碳中和目标。碳减排路径方面,主要从建筑、工业、运输和废物管理等方面制定目标,聚焦电力能源和运输的电气化。建筑和工业上,居民建筑在实施计划的第一年建立基线并制定长期目标,商业建筑每栋建设的能源效率提高40%。运输行业上,提高往返澳大利亚的所有出行方式使用可再生能源的比例到60%。

综上所述,通过分析以上国家碳中和实践经验发现,各国依据碳排放特征和资源禀赋制定了法制化、标准化、技术化、电气化、市场化、行政化等多元化的碳中和路径。中国应借鉴以上国家经验,可以按照"控源、交易、转型、调控"的总体思路实现碳中和目标。

12.3　交通运输行业深度减碳策略

(1)深度推进交通与能源融合。交通运输领域实现低碳转型发展的关键在于能源的替代与革命,即将目前交通系统广泛使用的化石燃料改变为零碳的光伏、风电、地热等新能源,实现交通能源自给。建议探索构建"源-网-荷-储"四段式交通与能源供给协同演进新模式。通过清洁能源的多模式开发,并与交通系统互联互通、分工协作,实现交通资源和能源供给的统筹调度,共同构成高度智能化、清洁化、高效化的现代交通运输体系。面向碳减排的典型交通能源自洽系统如图12-1所示。

(2)持续推动运输结构调整。未来随着交通运输领域低碳转型发展的持续推进,民航排放占比显著提升,在低碳控制情景下,其占比可能高达50%以上。将航空的客货运需求进行转移,推进"空转铁",成为面向碳减排的一个可能选择。

2021年7月20日,具有完全自主知识产权的我国时速600km高速磁浮交通系统在青岛成功下线,这是世界首套设计时速达600km的高速磁浮交通系统,标志着我国掌握了高速磁浮成套技术和工程化能力(图12-2)。时速600km高速磁浮填补了航空和轮轨高速铁路之间的速度空白,可以助力形成航空、高速铁路、高速磁浮和城市交通速度梯度层级完善、高效、灵活便捷的多维立体交通构架,丰富我国交通运输速度谱系,保持我国高速交通领域先进优势加快建设交通强国、科技强国具有重要意义。高速磁浮的发展,使得"空转铁"逐步成为现实,未来成熟应用后,可大比例替代2000km以内的民航需求,深度降低民航领域的碳排放。

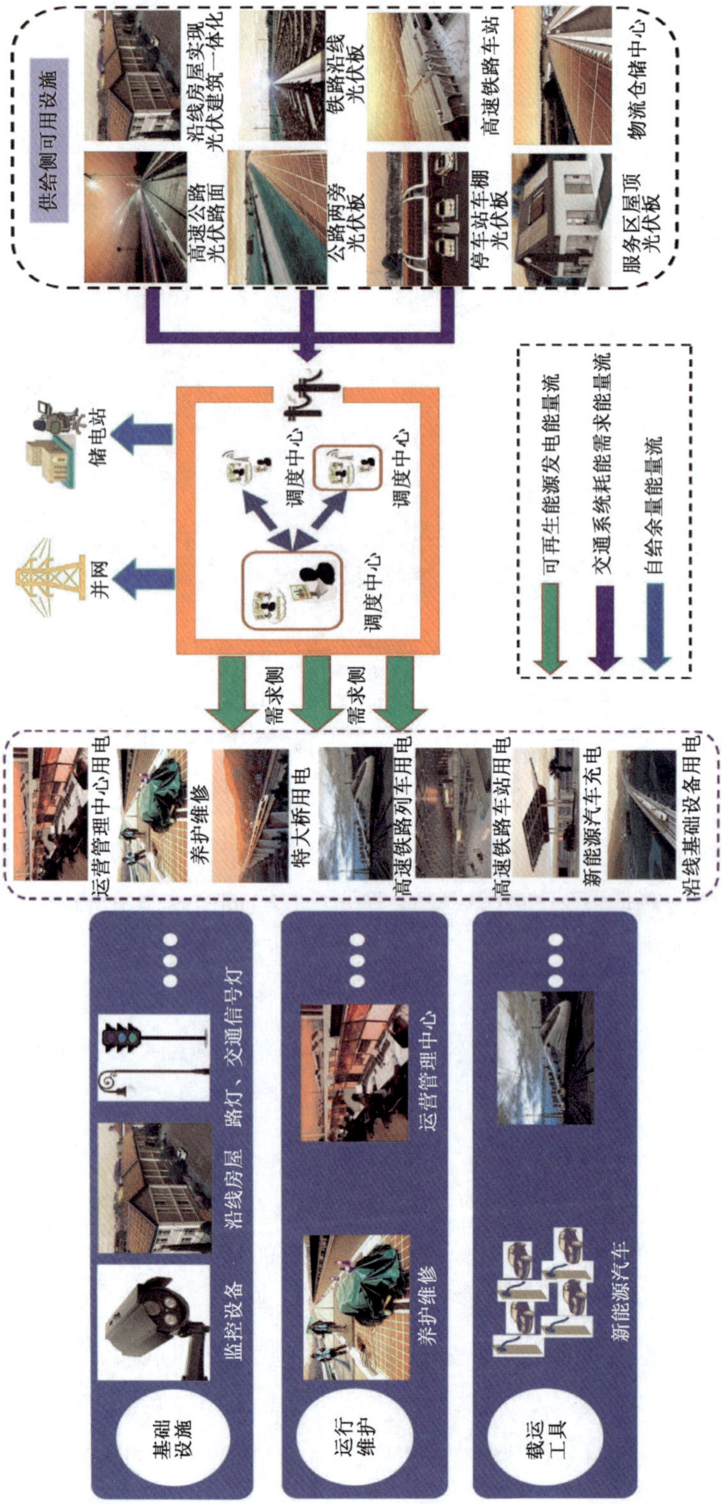

图12-1　典型交通能源自给系统示意图

(3) 重点研发近零碳交通装备。尽管近年来新能源小型乘用车和轻型物流车技术逐步成熟，但重型货车短期内还缺乏成熟的能源替代方案。如新能源重型货车在续驶里程、有效载重方面仍存在技术瓶颈，目前的应用范围尚局限在短途倒装。以现有技术发展趋势来看，新能源重型货车的规模应用存在较大不确定性。建议重点研发近零碳重型货运车辆，电动车辆方面大力提高电池能量密度，同时积极研发氢能源重型货车，降低生产成本和使用成本。

图12-2　时速600km高速磁浮列车

波音和空客认为氢燃料也是一种很有前景的替代燃料。燃料电池技术、电驱动航空发动机技术可以更快地促进航空业的改革。燃料电池功率密度的进一步改善、生产成本的下降和燃料电池技术的进步，将支撑氢燃料在航空推进系统中的应用，该技术有望在2035年后进行小规模的商业应用。目前在近零碳民航飞机的研发方面，我国与国外的技术差距并不明显，建议积极关注近零碳民航飞机的技术发展，在资金、人员方面加大投入，力争在国际上率先取得技术突破。

(4) 积极研发交通碳捕集技术。英国已有相关机构提出开展航空燃料碳捕获、碳利用和碳封存(CCUS)的研究。希望在2035年后，可以利用CCUS技术和配套基础设施进一步减少航空燃料的碳排放，通过CCUS技术处理可持续航空燃料生产过程中产生的碳，使其有机会成为负排放燃料源，并借机成为实现零排放的理想产品。建议密切关注未来科学技术的发展趋势，积极研发能够应用于交通运输领域的碳捕获、碳利用和碳封存(CCUS)技术，促进交通绿色低碳发展。

(5) 深度挖掘碳中和交通资金潜力。2021年7月16日，全国碳排放权交易市场上线交易启动。生态环境部已委托有关行业协会研究提出符合全国碳市场要求的行业标准和技术规范建议，将按照"成熟一个、批准发布一个"的原则，进一步扩大碳市场覆盖行业范围，充分发挥市场机制在控制温室气体排放、促进绿色低碳技术创新、引导气候投融资等方面的重要作用。建议积极推动交通运输行业纳入全国碳排放权交易市场，提高企业减排的积极性。

为进一步支持新冠肺炎疫情后绿色复苏和低碳转型，中国银行间市场交易商协会在人民银行指导下，积极践行绿色发展理念，在绿色债务融资工具下创新推出碳中和债，募集资金专项用于具有碳减排效益的绿色项目，且需明确披露碳减排等环境效益信息，确保碳减排效益"可计算、可核查、可检验"。作为绿色债务融资工具的子品种,碳中和债主要指募集资金专项用于具有碳减排效益的绿色项目的债务融资工具。募集资金专项用于清洁能源、清洁交通、绿色建筑等低碳减排领域,并对碳中和债给予专项标识。碳中和债募投项目需符合《绿色债券支持项目目录》,且聚焦于碳减排领域,主要包括:一是清洁能源类项目,包括光伏、风电及水电等项目。二是清洁交通类项目,主要为电气化的轨道交通类项目。三是低碳改造类项目,主要为绿色建筑类项目等。

参考文献

[1] 中共中央 国务院关于完整准确全面贯彻新发展理念做好碳达峰碳中和工作的意见[EB/OL].(2021-10-24)[2022-09-23]. http://www.gov.cn/zhengce/2021-10-24/content_5644613.htm.

[2] 国务院关于印发2030年前碳达峰行动方案的通知[EB/OL].(2021-10-24)[2022-09-23]. http://www.gov.cn/zhengce/zhengceku/2021-10/26/content_5644984.htm.

[3] 闫萍,张越,尹德挺.深刻认识和把握碳达峰碳中和 深入学习贯彻习近平新时代中国特色社会主义思想[N].[2022-09-01]人民日报.

[4] 蔡之兵.指导我国现代化建设的认识论、方法论和实践论——新发展理念的本质属性及其与现代化建设的关系[J].理论导报,2021(04):13-16.

[5] 内蒙古自治区党委 自治区人民政府关于完整准确全面贯彻新发展理念做好碳达峰碳中和工作的实施意见:内党发〔2022〕8号[A].(2022-04-27).

[6] 内蒙古自治区党委 自治区人民政府关于印发《内蒙古自治区碳达峰实施方案》的通知[A].(2022-07-13).

[7] 马超云,梁肖,仝海强.铁路机车单耗测算模型研究[J].铁道运输与经济,2011,33(05):78-83.

[8] 宋锦玉,于万舒,裴永浩,等.我国航空生物燃料的开发情况[J].应用化工,2016,45(02):340-344.

[9] 孙海洋,苏海佳,谭天伟,等.我国航空生物燃料的现状及思考[J].生物产业技术,2013(02):7-12.

[10] 谢泗薪,张洁.高速铁路的发展对民航的冲击及反思[J].铁路采购与物流,2010,5(04):49-52.

[11] 伊文婧,朱跃中,田智宇.我国交通运输部门重塑能源的潜力路径和实施效果[J].

中国能源,2017,39(01):32-35+47.

[12] 姚国欣.加速发展我国生物航空燃料产业的思考[J].中外能源,2011,16(04):18-26.

[13] 伊文婧.我国交通运输能耗及形势分析[J].综合运输,2017,39(01):5-9.

[14] 李晔,张红军.美国交通发展政策评析与借鉴[J].国外城市规划,2005(03):46-49.

[15] 罗巧灵,DAVID M.美国交通政策"绿色"转型、实践及其启示[J].规划师,2010,26(09):5-10.

[16] 王丹,方元务,王超.基于"低碳"理念的公路建设环保策略[J].公路交通科技(应用技术版),2010,6(07):280-283.

[17] 中华人民共和国国家质量监督检验检疫总局,中国国家标准化管理委员会.绿色产品评价通则:GB/T 33761—2017[S].北京:中国标准出版社,2017.

[18] 天津市交通运输委员会.天津市绿色公路建设技术指南(试行)[Z].天津:天津交通委员会,2018.

[19] 欧阳斌,李忠奎.绿色公路发展的战略思考[J].交通建设与管理,2014(22):128-132+136.

[20] 刘杰,高嘉蔚.交通基础设施碳排放核算关键问题及对策探索[J].交通节能与环保,2021,17(05):4-9.

[21] 沈琳.碳交易体系下交通行业碳交易机制研究[J].低碳经济,2022,12(03):166-168.

[22] 中华人民共和国住房和城乡建设部.工程建设施工企业质量管理规范:GB/T 50430—2017[S].北京:中国建筑工业出版社,2017.

[23] 中华人民共和国环境保护部.声环境质量标准:GB 3096—2008[S].北京:中国环境科学出版社,2008.

[24] 中华人民共和国环境保护部,国家质量监督检验检疫总局.非道路移动机械用柴油机排气污染物排放限值及测量方法(中国第三、四阶段):GB 20891—2014[S].北京:中国环境科学出版社,2014.

[25] 中华人民共和国住房和城乡建设部.建设工程施工现场环境与卫生标准:JGJ 146—2013[S].北京:中国建筑工业出版社,2013.

[26] 中华人民共和国交通运输部.公路工程技术标准:JTG B01—2014[S].北京:人民交通出版社股份有限公司,2014.

[27] 中华人民共和国交通部. 公路建设项目环境影响评价规范: JTG B03—2006[S]. 北京: 中国标准出版社, 2006.

[28] 中华人民共和国交通运输部. 公路环境保护设计规范: JTG B04—2010[S]. 北京: 人民交通出版社股份有限公司, 2010.

[29] 中华人民共和国交通运输部. 公路项目安全性评价规范: JTG B05—2015[S]. 北京: 人民交通出版社股份有限公司, 2015.

[30] 中华人民共和国交通运输部. 公路路线设计规范: JTG D20—2017[S]. 北京: 人民交通出版社股份有限公司, 2017.

[31] 中华人民共和国交通运输部. 公路交通安全设施设计规范: JTG D81—2017[S]. 北京: 人民交通出版社股份有限公司, 2017.

[32] 中华人民共和国交通部. 公路沥青路面施工技术规范: JTG F40—2004[S]. 北京: 人民交通出版社股份有限公司, 2004.

[33] 中华人民共和国交通运输部. 公路桥涵施工技术规范: JTG/T 3650—2020[S]. 北京: 人民交通出版社股份有限公司, 2020.

[34] 中华人民共和国交通运输部. 公路隧道施工技术规范: JTG/T 3660—2020[S]. 北京: 人民交通出版社股份有限公司, 2020.

[35] 中华人民共和国交通运输部. 公路养护技术规范: JTG H10—2009[S]. 北京: 人民交通出版社股份有限公司, 2009.

[36] 中华人民共和国交通运输部. 公路桥涵养护规范: JTG 5120—2021[S]. 北京: 人民交通出版社股份有限公司, 2021.

[37] 中华人民共和国交通运输部. 公路隧道养护技术规范: JTG H12—2015[S]. 北京: 人民交通出版社股份有限公司, 2015.

[38] Greenhouse gases—Part 1: Specification with guidance at the organization level for quantification and reporting of greenhouse gas emissions and removals[S]: ISO 14064-1:2018(E).

[39] 中华人民共和国卫生部, 中国国家标准化管理委员会. 生活饮用水卫生标准: GB 5749—2006[S]. 北京: 中国标准出版社, 2006.

[40] 国家环境保护总局. 污水综合排放标准: GB 8978—1996[S]. 北京: 中国标准出版社, 1996.

[41] 中华人民共和国国家质量监督检验检疫总局, 中国国家标准化管理委员会. 造林技术规程: GB/T 15776—2016[S]. 北京: 中国标准出版社, 2016.

[42] 中华人民共和国国家质量监督检验检疫总局,中国国家标准化管理委员会.小型风力发电机组:GB/T 17646—2017[S].北京:中国标准出版社,2017.

[43] 中华人民共和国国家质量监督检验检疫总局,中国国家标准化管理委员会.污水处理设备安全技术规范:GB/T 28742—2012[S].北京:中国标准出版社,2012.

[44] 中华人民共和国国家质量监督检验检疫总局,中国国家标准化管理委员会.电动汽车电池更换站通用技术要求:GB/T 29772—2013[S].北京:中国标准出版社,2013.

[45] 中华人民共和国国家质量监督检验检疫总局,中国国家标准化管理委员会.电动汽车充电站通用要求:GB/T 29781—2013[S].北京:中国标准出版社,2013.

[46] 中华人民共和国国家质量监督检验检疫总局,中国国家标准化管理委员会.水(地)源热泵机组能效限定值及能效等级:GB 30721—2014[S].北京:中国标准出版社,2014.

[47] 中华人民共和国国家质量监督检验检疫总局,中国国家标准化管理委员会.电化学储能电站用锂离子电池管理系统技术规范:GB/T 34131—2017[S].北京:中国标准出版社,2017.

[48] 中华人民共和国国家质量监督检验检疫总局,中国国家标准化管理委员会.加氢站安全技术规范:GB/T 34584—2017[S].北京:中国标准出版社,2017.

[49] 国家市场监督管理总局,国家标准化管理委员会.电力系统电化学储能系统通用技术条件:GB/T 36558—2018[S].北京:中国标准出版社,2018.

[50] 国家市场监督管理总局,国家标准化管理委员会.低环境温度空气源热泵(冷水)机组能效限定值及能效等级:GB 37480—2019[S].北京:中国标准出版社,2019.

[51] 中华人民共和国住房和城乡建设部.建筑照明设计标准:GB 50034—2013[S].北京:中国建筑工业出版社,2013.

[52] 中华人民共和国住房和城乡建设部.汽车加油加气加氢站技术标准:GB 50156—2021[S].北京:中国计划出版社,2021.

[53] 中华人民共和国住房和城乡建设部.电气装置安装工程蓄电池施工及验收规范:GB 50172—2012[S].北京:中国计划出版社,2012.

[54] 中华人民共和国住房和城乡建设部.石油天然气工程设计防火规范:GB 50183—2015[S].北京:中国计划出版社,2015.

[55] 中华人民共和国住房和城乡建设部.公共建筑节能设计标准:GB 50189—2015[S].北京:中国建筑工业出版社,2015.

[56] 中华人民共和国住房和城乡建设部. 建筑工程施工质量验收统一标准:GB 50300—2013[S]. 北京:中国建筑工业出版社,2013.

[57] 中华人民共和国住房和城乡建设部,国家市场监督管理总局. 建筑节能工程施工质量验收标准:GB 50411—2019[S]. 北京:中国建筑工业出版社,2019.

[58] 中华人民共和国住房和城乡建设部. 建筑电气照明装置施工与验收规范:GB 50617—2010[S]. 北京:中国计划出版社,2010.

[59] 中华人民共和国住房和城乡建设部. 电动汽车充电站设计规范:GB 50966—2014[S]. 北京:中国计划出版社,2014.

[60] 中华人民共和国住房和城乡建设部. 近零能耗建筑技术标准:GB/T 51350—2019[S]. 北京:中国建筑工业出版社,2019.

[61] 中华人民共和国住房和城乡建设部. 建筑光伏系统应用技术标准:GB/T 51368—2019[S]. 北京:中国建筑工业出版社,2019.

[62] 中华人民共和国住房和城乡建设部. 生活垃圾处理处置工程项目规范:GB 55012—2021[S]. 北京:中国建筑工业出版社,2021.

[63] 中华人民共和国住房和城乡建设部. 园林绿化工程项目规范:GB 55014—2021[S]. 北京:中国建筑工业出版社,2021.

[64] 中华人民共和国住房和城乡建设部. 建筑节能与可再生能源利用通用规范:GB 55015—2021[S]. 北京:中国建筑工业出版社,2021.

[65] 中华人民共和国住房和城乡建设部. 建筑环境通用规范:GB 55016—2021[S]. 北京:中国建筑工业出版社,2021.

[66] 中华人民共和国住房和城乡建设部. 餐厨垃圾处理技术规范:CJJ 184—2012[S]. 北京:中国建筑工业出版社,2012.

[67] 中华人民共和国住房和城乡建设部. 被动式太阳能建筑技术规范:JGJ/T 267—2012[S]. 北京:中国建筑工业出版社,2012.

[68] 中华人民共和国交通运输部. 公路服务区污水再生利用 第1部分:水质:JT/T 645.1—2016[S]. 北京:人民交通出版社股份有限公司,2016.

[69] 国家能源局. 电动汽车充换电设施工程施工和竣工验收规范:NB/T 33004—2020[S]. 北京:中国电力出版社,2020.

[70] 中华人民共和国农业部. 小型风力发电系统安装规范:NY/T 1137—2006[S]. 北京:中国农业出版社,2006.

[71] 中华人民共和国住房和城乡建设部. 公共建筑节能设计标准:GB 50189—2015

[S].北京:中国建筑工业出版社,2015.

[72] 中华人民共和国住房和城乡建设部.建筑节能与可再生能源利用通用规范:GB 55015—2021[S].北京:中国建筑工业出版社,2021.

[73] 中华人民共和国住房和城乡建设部.建筑环境通用规范:GB 55016—2021[S].北京:中国建筑工业出版社,2021.

[74] 国家市场监督管理总局,国家标准化管理委员会.城市污水再生利用 城市杂用水水质:GB/T 18920—2020[S].北京:中国标准出版社,2020.

[75] 中华人民共和国交通运输部.公路工程标准体系:JTG 1001—2017[S].北京:人民交通出版社,2017.

[76] 中华人民共和国交通运输部.公路工程机械台班费用定额:JTG/T 3833—2018[S].北京:人民交通出版社股份有限公司,2018.

[77] 中华人民共和国国家计划委员会.道路工程术语标准:GBJ 124—1988[S].北京:中国计划出版社,1988.

[78] 中华人民共和国住房和城乡建设部.建筑碳排放计算标准:GB/T 51366—2019[S].北京:中国建筑工业出版社,2019.

[79] 国家市场监督管理总局,国家标准化管理委员会.综合能耗计算通则:GB/T 2589—2020[S].北京:中国标准出版社,2020.

[80] 尚玲宇.运输结构对交通碳排放的影响研究[D].北京:北京交通大学,2020.

[81] 周汪楠.内蒙古煤炭物流效率评价及影响因素分析[D].呼和浩特:内蒙古工业大学,2021.

[82] 邢有凯,柴丽,高美真,等.内蒙古自治区推广新能源物流车的大气污染物和二氧化碳协同控制效果评估[J].交通节能与环保,2022,18(04):23-27.

[83] 王人洁,王玮,杨道源,等.内蒙古自治区交通运输结构调整减排成本效益分析[J].交通节能与环保,2022,18(04):34-39.

[84] 李晓易,柳丽平,李娜.内蒙古自治区城市绿色出行政策措施研究[J].交通节能与环保,2022,18(04):8-12.

[85] 王人洁,高源,张永林,等.内蒙古自治区交通碳减排资金需求测算及建议[J].交通节能与环保,2022,18(04):18-22+33.

[86] 谭晓雨,黄全胜,毕丽娟,等.内蒙古自治区交通领域绿色低碳发展政策研究[J].交通节能与环保,2022,18(04):1-7.

[87] 杨道源,张宇杰,李娜,等.内蒙古自治区新能源重型货车推广路径研究[J].交通

节能与环保,2022,18(04):28-33.

[88] 岳丹,李明君,李娜,等."双碳"背景下绿色公路建设理念与实现方式探讨[J].交通节能与环保,2022,18(04):40-44+65.

[89] 于贵瑞,郝天象,朱剑兴.中国碳达峰、碳中和行动方略之探讨[J].中国科学院院刊,2022,37(4):423-434.

[90] 彭天铎,袁志逸,任磊,等.中国碳中和目标下交通部门低碳发展路径研究[J].汽车工程学报,2022,12(4):351-359.

[91] 袁志逸,李振宇,康利平,等.中国交通部门低碳排放措施和路径研究综述[J].气候变化研究进展,2021,17(1):27-35.

[92] 张莹,黄颖利.碳中和实践的国际经验与中国路径[J].绿色经济,2022(09):94-106.